KB237613

우리는 믿음으로 어떻게
구원에 이르고
의로운 자가 되는가?

조병천·김숙희 지음

도서
출판 새 글

하나님께서는 우리들을 복주시기 위하여 하나님의 아들들로 창조하시고, 우리들이 지옥갈 수 없도록 사랑의 은혜를 베푸사, 예수 그리스도로 우리들의 화목제물이 되게 하시어, 영원히 지옥 갈수 없는 구원을 이루시고, 오늘날 우리들을 그 크신 사랑을 깨닫게 하여, 주님의 사랑 안에 거하게 하기 위하여, 우리를 구원하신 구주이신 메시아 그리스도가, 우리들의 구주임을 믿어 그 은혜에 진심으로 감사하는, 경배와 찬양을 드리는 삶을 살기를 원하시고 있습니다.

따라서 오늘 우리들은 예수 그리스도를 어떻게 믿어야, 올바른 믿음이 되어 구원을 얻고, 믿음의 조상 아브라함과 노아와 이삭이, 또한 어떻게 하나님을 섬겼기에 의로운 자라 하셨는가를 깨달아 봄으로서, 오늘 우리들도 우리들의 구원이 어떻게 이루어지고 있으며, 의로운 믿음의 사람이 어떻게 되는가를 이해함으로서, 가인의 예배와 서기관들과 바리세인들의 믿음과, 사두개인들의 믿음인 외식하는 믿음의 경배가 아닌, 진정 아버지 하나님께서 기뻐하는 아벨의 제사요. 노아의 경배요. 예수님께서 친히 드린 산 제물의 화목제인, 십자가의 제사로 하나님의 뜻에 합당한, 하늘 영광의 의로운 제사를 드렸듯이, 우리들도 산 제물이 되는 의로운 자로, 하나님께 영광이 되는 믿음의 경배자가 되어야 하겠기에,

그 길을 밝히고자 이 책을 기록하여 펴내게 되었습니다.
　그리스도 예수의 믿음 안에 있는 성도 여러분, 이 책에 말씀을 읽고 하나님의 크신 사랑을 깨달아, 우리 모두 의로운 믿음의 사람의 되어, 하나님을 기쁘게 하고 산 생명으로, 하나님의 영광만을 나타내는 진정한 산 제물이 되는, 믿음의 아들들이 되시기를 진심으로 바라는 바입니다
　그리고 이 책이 나오기까지 물심양면으로 이끌어 주시고 협조하여주신, 성결대학교 전 대학원장과 이사장님 이시었던 조병창 목사님과, 반석교회 김숙희 목사님, 수원 시온성교회 박천휘 담임목사님, 예수 복음 선교교회 김현호 목사님께 심심한 감사를 드리며, 모든 영광을 주님께 바치는 바입니다.

2003년 3월21일

조 병천 목사 씀

목 차

제 **1** 장

믿음의 정의

믿음의
정의

　믿음(Faith)이란 문자적으로 설명을 하자면, 믿고 받드는 일들을 가리키는 낱말로, 꼭 그렇게 여기고 의심하지 않으며, 신뢰하는 일을 뜻하는 말인데, 종교적 차원에서는 종교적 생활의 의식 차원으로, 초자연적인 절대적 창조자 또는 믿음의 대상에 대한, 믿는 자들의 믿음의 자세로서 순종하여, 숭배하는 믿음을 표현함을 말하는 것입니다.

　그리고 성경적으로의 믿음은 하나님이 계시하여 주시는, 진리의 말씀을 확신하고 진실 되게 신뢰하여, 순종하고 따르는 것을 뜻하는 것으로, 즉 신앙으로도 표현할 수 있는데 창세기 15장16절에 "아브라함이 여호와를 믿으니 여호와께서 이를 그의 의로 여기시고," 하심으로서, 신앙을 믿음으로 나타내고 있습니다, 믿음은 히브리어로 "아만(אמן)"으로 "신뢰하다. 의지하다. 굳게 하다."의 뜻인데, 이는 아브라함의 확고한 신앙의 믿음을 보여주는 것으로, 히브리서 11장1절에서 "믿음은 바라는 것들의 실상이요. 보지 못하는 것들의 증거니," 하였으나, 요한복음 8장56절에서 "너희 조상 아브라함은 나의 때 볼 것을 즐거워하다가 보고 기뻐하였느니라." 기록하고 있는데, 아브라함은 예수님으로 이루실 일들을 그 때에, 이미 믿음으로 알고 기뻐하는 신앙이었음을 말씀하고 있습니다.

그러므로 여호와께서 이를 그의 의로 여기신 것으로, 의는 "체다카(צְדָקָה)"로 문자적으로는 "올바른, 곧음"의 의미인데, 본문에서는 "의의 옷"으로 이해할 수 있는 것으로, 창세기 3장10절에 "가로되 내가 동산에서 하나님의 소리를 듣고 내가 벗었음으로 두려워하여 숨었나이다." 하였음으로, 창세기 3장 21절에서 "여호와 하나님이 아담과 그 아내를 위하여 가죽옷을 지어 입히시니라." 하여, 가죽의 구원의 옷을 입혀주셨고, 요한계시록 3장17~18절에서는 "네가 말하기를 나는 부자라 부요하여 부족한 것이 없다하나 네 곤고한 것과 가련한 것과 가난한 것과 눈먼 것과 발가벗은 것을 알지 못하는도다. 내가 너를 권하노니 내게서 불로 연단한 금을 사서 부요하게 하고 흰옷을 사서 입어 벌거벗은 수치를 보이지 않게 하고 안약을 사서 눈에 발라 보게 하라." 하신 말씀에서도, 옷을 사 입을 것을 말씀하고 있는데, 우리 인간은 하나님 앞에서 벌거벗은 죄인으로, 하나님께서 입혀주시는 의의 옷을 입어야, 우리의 죄악을 가릴 수 있는 것입니다(롬3:23-28, 계19:8).

따라서 하나님께서 아브라함의 믿음을 의로 여긴 것의, "여기다"인 "하솨브(חשׁב)"는 "인정하다. 판단하다. 정하다." 의 의미로, 하나님께서 의로 인정하신 것입니다. 그럼 아브라함의 믿음이 어떤 믿음 이었기에 의롭다 인정하셨을까요?

우리는 믿음으로 어떻게 구원에 이르고 의로운 자가 되는가?

즉 축복은 인간이 생존을 위하여 필요한 것이고, 은혜는 하나님의 목적을 성취하기 위한 것입니다. 하나님께서 우리 인간들을 축복하지 않으셨다면, 우리는 우리의 생활과 건강과 우리의 육신의 생명까지도 없었을 것입니다. 우리 인간은 존재하기 위하여 하나님의 축복 아래 온전히 있어야하는 것입니다. 그러나 우리 인간들이 육신의 생명으로 존재하기만을 위한, 생존의 존재라면 헛된 것이요 무익한 것입니다.

신약 성경을 보면 어느 곳에도 "축복이 너희에게 있을지어다." 또는 "축복이 네 영에 있을지어다." 하는, 말로 끝나는 곳이 없습니다. 거의 모든 말씀에 "은혜가 너희에게 있을지어다(갈6:18,엡6:24,빌4:23,골4:18)."로 끝이 납니다. 즉 구약에서는 물질적 복인 축복이 많지만, 신약에서는 물질적 축복이 영적인 축복으로 대치되고 있습니다. 에베소서 1장3절에서 하나님은 우리들을 그리스도 안에서 모든 영적 축복을 하시고, 에베소서 마지막에 "예수 그리스도의 은혜가 너희 심령에 있을지어다."로 끝맺고 있고, 신약성경 마지막 구절인 요한계시록 22장21절에서도 "주 예수의 은혜가 모든 자들에게 있을지어다."로 끝맺고 있습니다.

구약 민수기 6장24~26절에 보면 제사장들이 이스라엘 백성들에게 준 축복이 "여호와는 네게 복을 주시고 너를 지키기를 원하며 여호와는 그 얼굴을 너희에게 비취사 은혜 베푸시기를 원하며 여호와는 그 얼굴을 네게로 향하여 드사 평강주시기를 원하노라." 하였고, 신약의 고린도후서 13장13절에 바울사도의 축복은 "주 예수 그리스도의 은혜와 하나님의 사랑과 성령의 교통하심이 너희 무리와 함께 있을지어다."라고 축복하고 있습니다 따라서 은혜는 하나님의 뜻을 이루기 위하

제1징 믿음의 정의

여 베푸신 것입니다.

　즉 은혜는 영적인 것으로 하나님께서 우리에게, 값없이 베풀어 주시는 것을 말하는데, 요한복음 1장14절에 "말씀이 육신이 되어……은혜와 진리가 충만하더라." 하고 있고, 요한복음 1장16절에서는 "우리가 다 그의 충만한 데서 받으니 은혜 위에 은혜러라." 말하고 있으며, 요한복음 1장17절에서는 "율법은 모세로 말미암아 주신 것이요. 은혜와 진리는 예수 그리스도로 말미암아 온 것이라." 말씀하고 있는데, 은혜는 예수님께서 대속제물이 되심으로 우리가 값없이 받은 구원으로, 하나님께서 예수님을 통하여 이루셨음으로, 은혜가 예수 그리스도로 말미암아 온 것이라 말하고 있는 것입니다.

　그리고 아브라함의 믿음이 의가 되었다는 의미는, 창세기 15장5절에서 아브람의 자손이, 하늘의 뭇별처럼 많이 주시겠다고 하셨는데, 아브람은 하나님의 말씀을 따라 그분을 믿음으로 의로 여김을 받은 것은, 요한복음 8장56절에 "너희 조상 아브라함은 나의 때 볼 것을 즐거워하다가 보고 기뻐하였느니라." 기록하고 있는데, 아브라함은 예수님으로 이루실 일들을 그 때에, 이미 믿음으로 보고 기뻐하는 신앙이었음으로, 하나님께서 자신을 통하여 여자의 후손을 낳게 하시고, 그 믿음의 자손을 뭇별과 같이 역사하여 주실 것을 보았으니, 하나님께서 의로운 자로 여기신 것입니다.

우리는 믿음으로 어떻게 구원에 이르고 의로운 자가 되는가?

1 믿음이란 무엇인가?

믿음(아만, אמן)이란 요한일서 5장1~4절에 "예수 그리스도를 믿는 자마다 하나님께로서 난 자니 또한 내 이름을 사랑하는 자마다 그에게서 난 자를 사랑하느니라. 우리가 하나님을 사랑하고 그의 계명들을 지킬 때에 이로써 우리가 하나님의 자녀를 사랑하는 줄을 아느니라. 하나님을 사랑하는 것은 이 것이니 우리가 그의 계명을 지키는 것이라. 그의 계명들은 무거운 것이 아니로다. 대저 하나님께로서 난 자마다 세상을 이기느니라. 세상을 이긴 이김은 이것이니 우리의 믿음이니라." 말씀하고 있습니다.

즉 하나님을 사랑하고 하나님을 믿는다는 것은, 하나님께서 주신 말씀의 계명을 우리들이 지키는 것이고, 그 말씀에 대하여 순종하며 지키는 것은, 우리의 믿음임으로 무거운 것이 아니라고 말씀하시는 것입니다.

우리들은 흔히 믿음으로 행한다는 말을 많이 합니다. 즉 믿음을 행한다는 뜻은 믿음의 주체이신, 예수 그리스도께서 이루신 구원의 역사를, 그대로 의심없이 믿어 경험하는 것을 의미하는 것입니다. 하나님께서는 우리의 구원의 주체자이시며, 구원의 방법으로 예수 그리스도의 성자의 직책을 통하여, 사랑과 은혜로 이루어주셨습니다. 그러므로 구원을 믿는 믿음은 추상적인 것이 아닙니다. 실제로 존재하고 구체적으로 이루어진 것입니다. 우리들은 예수 그리스도께서 이루신 구원의 모든 역사를, 내게 해당되는 것으로 믿는 믿음이 되어야 한다는 말씀입니다.

그럼 예수님과 우리의 관계가 어떻게 되는가를 깨달아 봅시

제1징 믿음의 정의

다. 예수님께서는 영원의 태초에 말씀(로고스, λόγος)으로 계셨다고, 요한복음 1장1절에 기록하고 있습니다. 그 말씀은 아들의 영을 지으신 창조주 하나님이신 것입니다. 아들의 영은 말씀으로 만드셨는데, 그 아들의 영에는 하나님 아버지의 생명이 있는 것으로, 창세기 1장26절에 "하나님이 가라사대 자기의 형상을 따라 우리의 모양대로 우리가 사람을 만들고," 하셨고, 요한복음 15장27절에 예수께서 "너희도 처음부터 나와 함께 있었음으로 증거하느니라." 하신 말씀과 같이, 우리와 예수님은 처음부터 함께 하늘위에서 있었던 때는, 태초의 말씀으로 우리의 영을 지으신 관계로 나타내시는 것입니다.

따라서 이미 이때에 지극히 높으신 하나님의 제사장이시요. 하늘의 대제사장이신 멜기세덱을 영의 구주로 세우셔서, 하나님의 아들들의 구원의 역사를 담당하게 하셨던 것입니다. 태초의 말씀으로 우리를 지으신 그 생명의 말씀인, 여호와(예흐와, יהוה)는 인격적 존재시며 헬라어로 "로고스(λόγος)"로서, 그의 입에서 나오는 하나님의 말씀은 영으로, 헬라어로는 "흐레마(ρλημα)"라 하는 것입니다.

즉 흐레마(ρλημα)는 생령으로 하나님께서 친히 생명으로 낳으신 아들의 영으로, 하나님 아버지의 기업을 받아 영생을 누릴 수 있도록, 하늘의 영광을 예비하여 놓고 육신을 입혀, 이 땅에 보내어 하나님의 은혜에 대하여 감사함의 영광으로 경배하고, 하나님 아버지의 뜻에 합당한 열매 맺는 삶으로, 그 열매 맺은 만큼 영광을 입혀 주시려고, 육신을 입혀 이 땅을 창조하시어 보내신 것입니다.

인류의 대표인 "하아담(האדם)"을 하나님이 먼저 에덴동산에 보내어, 하나님의 허락하심 속에 사단으로 하여금, 선악을

우리는 믿음으로 어떻게 구원에 이르고 의로운 자가 되는가?

알게 하는 나무의 실과를 따먹게 하심으로서, 죄를 지어 지옥의 심판 아래 있게 되었을 때에, 하나님은 하늘위에서 준비하신 영원한 대제사장이신, 멜기세덱(예수님)으로 영원히 지옥갈 수 없는 구원을 이루어주셨습니다.

창세기 3장21절에 "아담이 그 아내를 하와라 이름 하였으니 그는 모든 산 자의 어미가 됨이더라. 여호와 하나님이 아담과 그 아내를 위하여 가죽 옷을 지어 입히시니라." 말씀하심으로서, 아담이 영적으로 산자가 되었음으로, 아내 하와도 산 자의 어미가 됨으로서, 산자를 양육하는 생명이 되어 그 징표로, 어린양의 가죽옷을 지어 입혀주신 것입니다.

예수님(이에수스, Ἰησοῦ)은 멜기세덱의 반차를 좇은 대제사장으로, 의미는 "여호와는 구원이시다." 혹은 "여호와께서 구원하신다."는, 뜻을 지닌 히브리어 "예호슈아"의 헬라어 음역입니다. 그리고 예수란 이름은 마태복음 1장21절에서 "자기백성을 저희 죄에서 구원할 자"라는 의미를 지녔음을 밝히고 있습니다. 그러므로 육신을 입고 이 땅에 오셔서, 우리의 대속제물로 대제사장으로서 십자가에 피를 흘리신 것입니다.

다시 말하면 하늘위에서 아들의 영의 구주이신 멜기세덱으로 구원하실 때는, 예수님께서 피를 흘리실 것을 전제로 하여 구원하여 놓으시고, 그 정한 때에 예수님이 이 땅에 육신을 입고 오셔서, 실제로 십자가에 피를 흘리심으로 완성하신 것입니다. 그러므로 하늘위에서 영의 구원을 받은 자들이, 이 땅에서 육신이 짓는 모든 죄까지, 영원한 속죄 되는 구원을 이루신 것입니다.

그리고 성육신 하신 예수 그리스도는 죽으시고, 부활하셔서 하늘위의 하나님 보좌 우편에, 멜기세덱의 반차를 좇은 대제사장으로, 하나님 우편에 계셔서 우리의 중보자요. 영광의 주님으로 계시는 것입니다. 우리가 예수님을 믿는 것도 우리들 속에 태초의 말씀으로 지은, 하나님의 아들의 영이 있기에 그 생명의 말씀을 듣고 믿는 것이요. 또 성령을 부어주시어 거듭나게 하심으로서, 성령으로 열매 맺는 믿음의 생활구원을 이루게 되는 것입니다.

요한복음 15장26～27절에 "내가 아버지께로서 너희에게 보낼 보혜사, 곧 아버지께로서 나오시는 진리의 성령이 오실 때에 그가 나를 증거하실 것이요. 너희도 처음부터 나와 함께 있었음으로 증거하느니라." 말씀하시고 있는데, 성령이 하늘 위에서 하나님 아버지와 성자 예수님이, 처음부터 함께 있었음으로 증거하는 것과 같이, 우리도 처음부터 주님과 함께 있었다는 것은, 하늘위에서 우리를 지으실 때 함께 계셨음을 말씀하고 있는 것입니다.

태초의 말씀으로 우리를 지으신 창조주 하나님께서, 생명의 말씀으로 아들의 영인 우리들을 양육하시기 위하여, 하늘에서 계속 생명의 역사를 이루어 가시는 것입니다. 예수님께서 멜기세덱으로 영의 구원을 이루어주신 구주가 되시며, 아들에게 하늘에 예비 된 영광을 받아 누리게 하기위하여, 그리스도 안에서 흠 없고 온전한 자로 거룩하게 하여, 영광에 이르게 하시려는 목적으로 선택하셔서 이루어 가시는 것입니다.

오늘날 그리스도인들 중에는 예수님을, 왜 믿어야 하고 어떻게 믿어야 하는가를 모르고, 열심히 신앙생활을 하는 사람들이 너무나 많이 있습니다. 자신들이 필요할 때는 예수님을 찾고, 필요하지 않을 때는 자기의 모든 행위의 주체가 되어, 믿는 믿음은 믿음이 아닙니다. 하늘위에서 하나님이 태초에 계셔서, 말씀으로 아들의 영으로 우리를 지으시고, 하늘위에서 영의 구원을 이루시어 그 징표로 가죽 옷을 입혀 주시고, 육신을 입혀 주님과 똑같이 이 땅에 보냄 받아, 하나님 아버지께서 은혜로 예수님을 십자가에 대속제물이 되게 하심으로서, 우리의 죄를 감당하신 것을 깨달아 그 사랑에 감사하는, 깊이와 넓이와 높이의 분량이 어떠한가에 따라 믿음이 나타나는 것입니다.

비록 우리가 믿음으로 물 한 그릇을 필요한 자에게 줄 때에도, 우리 자신이 주는 것이 아니라, 생명수의 주인이 되시는 예수님의 이름으로 주는 것이 되어야하는 것입니다. 구제를 할 때도 우리를 통하여 예수님이 구제하는 것이어야 하고, 우리가 예수님을 증거할 때도, 우리들이 욕을 먹으면 예수님이 욕을 먹는 것이요. 우리가 금식할 때도 실제로는 예수님이 금식하시는 것입니다. 그러므로 우리가 예수님을 구주로 믿는 자라면, 내 안에 예수님이 주인이 되심으로, 우리 자신은 예수님의 것으로, 예수님의 뜻대로 쓰여지는 소유물에 불과한 것이요. 믿음의 행위들은 우리를 도구로 쓰시는, 예수님으로 말미암아 이루어지게 되는 것입니다.

제1장 믿음의 정의

예수님은 예수 그리스도로 헬라어로 "이에수 크리스투(Ἰησοῦ χριστου)"입니다. 예수는 "여호와는 구원이시다. 여호와께서 구원하신다."라는 뜻을 가진 히브리어 "예호슈아"의 헬라어 음역으로, 민수기 13장16절에 "눈의 아들 호세아를 여호수아"로 칭하였는데, 여호수아의 와전이라고도 합니다.

그리스도는 "크리스투(χριστου)"로 크리스토스(χριστός)의 소유격이며, 기름부음의 파생어로 "기름부음 받은 자"를 뜻합니다(요일2:20,27). 구약 성경에서 말하는 선지자, 제사장, 왕이 이에 해당되며, 신약 성경에서는 세 직분의 완성자로서 예수님을 나타내고 있는 것인데, 우리는 성경 말씀과 예수님을 통하여, 창조주이신 하나님 아버지를 알 수 있는 것입니다.

골로새서 1장5절에 "그는 보이지 아니하시는 하나님의 형상이요. 모든 창조물보다 먼저 나신 자니,"라, 하고 있음에서 보여주듯 하나님은 영이신 분으로, 생명의 본체시며 근원이 되시는 분이십니다. 그러므로 보이는 형상으로 우리에게 나타내 보이신 분이 예수님이신 것입니다.

요한복음 14장19절에 "나를 본 자는 아버지를 보았거늘 어찌하여 아버지를 보이라 하느냐?"고 예수님께서 말씀하셨습니다. 우리의 생명의 주체도 영인 것입니다. 영혼은 물질과 구별되는 것으로, 우리의 영혼은 하나님으로부터 피조 된 영이며, 우리 안에 있는 영은 하나님의 씨가 있는 영으로, 우리의 육신 안에 제한되어 있는 것입니다.

그러나 하나님의 영은 피조 된 영이 아닌 것입니다. 하나님의 영은 창조의 영으로 모든 영을 만드신 신이시며, 어느 곳에서나 충만하신 무제한의 능력을 가지신 분이십니다. 그러므로 그 형상되시는 예수님으로 우리에게 나타내 보여주셨고, 예수님을 통하여 하나님 아버지를 깨닫게 하시고, 그 깨달은 분량에 의하여 믿음의 크기와 깊이가 있게 되는 것입니다.

마태복음 11장27절에 "내 아버지께서 모든 것을 내게 주셨으니 아버지 외에는 아들을 아는 자가 없고 아들과 또 아들의 소원대로 계시를 받은 자 외에는 아버지를 아는 자가 없느니라." 말씀하고 있는데, 인간들의 지식으로는 하나님의 아들 성자 예수님을 알 수가 없습니다. 우리가 예수님을 아는 것은 사람의 지식과 지혜로 아는 것이 아니라, 하나님의 영이신 성령으로 알게 하셔야 알게 되는 것입니다.

또 아버지 하나님을 예수님만 아시는데, 하나님 아버지를 아는 것도 아들이신 예수님이, 계시하고자 하는 사람만 아버지를 안다고 하셨으니, 계시하지 않는 사람은 하나님 아버지를 알 수가 없는 것입니다. 예수님께서 계시하여 주시는 것으로 하나님을 아는 것만큼, 하나님 아버지와 관계도 이루어져 모든 역사를 깨닫고 믿음의 분량이 나타나는 것입니다.

그렇다면 구약에서는 성부, 성자, 성령, 하나님께서 어떻게 일하셨을까요? 물론 삼위께서 함께 계셨고 동일하게 일하셨습니다. 창세기 18장2~5절에 아브라함 앞에 나타난, 세 사람 중 두 분 천사 외에 한 분은, 성자의 영의 현현으로 보아야하는 것입니다. 왜냐하면 빌립보서 2장6~7절에 "그는 근본 하나님의 본체시나 하나님과 동등 됨을 취할 것으로 여기지 아니하시고, 오히려 자기를 비워 종의 형체를 가져 사람들과 같이 되었고, 사람의 모양으로 나타나셨으매 자기를 낮추시고

죽기까지 복종하셨으니 곧 십자가에 죽으심이라.”하시고 있
고, 요한복음 10장30절에서는 나와 하나님은 하나라고 하시고
있음에서 나타내 보이시고 있습니다. 즉 신약시대에 육신을
입고 오신 것은, 궁극적으로 대속재물이 되시어 십자가에 피
를 흘리시기 위함이며, 구약에서 사람같이 되신 것은 아브라
함이, 육신의 눈으로 볼 수 있게 하기 위한, 영의 현현으로
사람의 모습으로 오신 것입니다.

그리고 출애굽기 3장2절에 떨기나무에 나타나신, 하나님은
어느 하나님이라 할 수 있을까요? 즉 불꽃으로 나타나신 것은
형상으로 나타나심을 뜻하는 것으로, 하나님의 형체나 형상으
로 나타나시는 분은 성자 하나님이신 것입니다. 그러므로 하
나님은 어떤 경우에는 천사와 함께 나타나실 때도 있고, 하나
님의 사자로 나타내시어 천사가 할 수 없는 일을 하시는 분
이, 또한 성자 하나님이신 예수님이신 것입니다.

왜냐하면 영적 존재인 우리들을 하나님의 뜻으로 양육하시
기 위하여, 창조주이신 하나님 아버지께서 영이신 말씀으로
길러 가시기 위한 것입니다. 즉 어른들인 부모들이 자식들을
기르기 위하여, 어린 아이들의 수준에 맞춰서 길러가듯이, 하
나님도 피조 된 우리들의 수준으로 낮추셔야만, 서로 교통이
되어 깨닫게 할 수 있기 때문인 것입니다. 그러므로 하나님께
서 여러 형상으로 나타나심은, 우리를 온전한 하나님의 아들
로 양육하여, 영광을 입혀주시기 위한 것임인 것입니다.

◆3 믿음의 분류

1. 예수님을 따르는 자들의 분류

1) 허다한 무리, 큰 무리

무리의 신앙이란 마태복음 4장25절에 "요단강 건너편에 허다한 무리가 있는지라." 한 말씀과, 마가복음 8장1절에 "그 무렵에 또 큰 무리가 있어 먹을 것이 없는지라." 한 말씀과, 요한복음 6장2절에 "큰 무리가 따르니 이는 병자들에게 행하시는 표적을 보았음이라." 하신 말씀에서 나타나는데, 예수님이 산상보훈을 주시려고 산에 오르실 때에는, 허다한 무리와 큰 무리들은 없었고 제자들만 따랐습니다.

그런데 마태복음 8장1절에 "예수께서 산에서 내려오시니 수많은 무리가 따르니라." 말씀하고 있습니다. 즉 예수님께서 산에서 내려오신 것은, 예수님께서 제자들에게 하늘에 속한 높은 차원의 말씀을 주신 곳에서 나아오니, 허다한 무리(오클로이 폴로이, ὄχλοι πολλοί)가 따랐다는 말씀으로, 허다한 무리는 산에서 말씀을 받지 아니한 자들을 말하는 것입니다.

즉 허다한 무리는 생명의 말씀을 받기보다는, 이적이나 표적을 보기를 원하고 병 고침을 바라며 따라다니는 사람들을 말고 있습니다. 오늘날도 단지 자신의 세상적 문제을 해결하기 위하여, 예수님을 좇는 자들이 많이 있습니다. 그러므로 우리는 진정한 제자의 길을 가는 믿음의 소유자가 될 때, 산에 오르는 신앙이 되는 것입니다. 그러므로 무리들은 믿음에 의해서 따르는 것이 아니라, 병을 고침 받거나 예수님의 이적을 보기위한 자들임을 보여주고 있는 것입니다.(요6:26)

2) 제자들(마5:1,막2:13)의 신앙

　제자들의 신앙이란 마태복음 5장1절에 "예수께서 무리를 보시고 산에 올라가 앉으시니 제자들이 나아온지라." 하신 말씀과, 마가복음 2장14절에 "또 지나가시다가 알패오의 아들 레위가 세관에 앉아 있는 것을 보시고 그에게 이르시되 나를 따르라 하시니 일어나 따르더라." 하신 말씀에 가록하고 있는데, 즉 주님을 의지하고 믿는 자들로, 마태복음 16장15~18절에 "이르시되 너희는 나를 누구라 하느냐. 시몬 베드로가 대답하되 주는 그리스도요 살아계신 하나님의 아들이시니이다. 예수께서 대답하여 이르시되 바요나 시몬아 네가 복이 있도다. 이를 네게 알게 한 이는 혈육이 아니요 하늘에 계신 내 아버지시니라. 또 내가 네게 이르노니 너는 베드로라 내가 이 반석위에 내 교회를 세우리니 음부의 권세가 이기지 못하리라."라고 말씀하고 있는데, 즉 끝까지 예수님을 따르는 믿음의 신앙을 말하는 것입니다.

　오늘날도 예수 그리스도를 믿는 성도들과 교회는, 이 신앙의 고백이 기초가 되어야 합니다. 지금 우리에게도 "예수를 누구로 보느냐?" 물으시면, 우리의 왕이시며 하나님의 아들인 성자시요. 육신으로 오신 우리의 구주되심이 고백 되어져야 하고, 음부의 권세가 이기지 못하는 온전한 하나님의 집인, 교회를 세울 때 제자가 되는 것입니다.

우리는 믿음으로 어떻게 구원에 이르고 의로운 자가 되는가?

2. 신앙의 3단계

1) 신앙의 제1단계: 예수 그리스도를 구주로 믿는 단계(救援의 福音)로, 마태복음 1장21절에 "아들을 낳으리니 이름을 예수라 하라. 이는 그가 자기 백성을 그들의 죄에서 구원할 자이심이라." 함과, 마태복음 20장28절에 "인자가 온 것은 섬김을 받으려함이 아니라 도리어 섬기려하고 자기 목숨을 많은 사람의 대속물로 주려함이니라." 하신 말씀과 같이, 예수 그리스도께서 우리의 죄를 대속하시고 지옥에서 천국으로, 사망에서 생명으로 옮겨주신 구원자요. 나의 주인이 되심을 믿는 단계로서, 나의 구주이신 관계로만 알고 있는 단계입니다.

2) 신앙의 제2단계: 예수 그리스도를 은혜의 주로 믿는 단계(恩惠의 福音)로, 고린도전서 15장10절에 "나의 나 된 것은 하나님의 은혜로다." 함과, 요한복음 1장16절에 "우리가 다 그의 충만한데서 받으니 은혜위에 은혜로다." 하신 말씀과 같이, 예수 그리스도께서 나를 구원해주신 구주로 믿는 자에게는, 주님이 성령을 부어주시어 하늘의 소망을 보게 하시며, 더욱 은혜를 넘치게 부어주사 감사(感謝)함으로, 찬송케 하는 은혜의 주님이심을 믿는 단계로, 모든 것(빛, 어두움, 평안, 환란)을 나에게 은혜로 주심을 깨닫고, 감사하는 은혜의 주님이 됨을 깨달을 때의 단계입니다.

3) 신앙의 제3단계: 예수님을 영광의 주로 믿는 단계(榮光의 福音)로, 마태복음 25장31절에 "인자가 자기 영광으로 모든 천사와 함께 올 때에 자기 영광의 보좌에 앉으리니." 하심과, 마태복음 5장10~11절에 "의를 위하여 핍박 받는 자는 복이 있나니 천국이 저희 것임이요. 나를 인하여 너희를 욕하고 핍박하고 거짓으로 거스려 모든 악한 말을 할 때에는 복이 있

제1장 믿음의 정의

나니 기뻐하고 즐거워하라. 하늘에서 너희 상이 큼이라." 하신 말씀에 따르는, 하늘 영광을 예비하시고 하나님의 자녀들에게, 이 영광을 입혀줄 수 있도록 환란과 핍박을 받게 함으로서, 하늘 영광을 바라보며 감사 찬송케 하시는, 영광의 주님이 되심을 믿는 단계로서, 예수님이 영광의 주님임을 깨닫고 믿는 단계입니다.

그리고 궁극적으로(최종적으로 성숙된 자) 신랑 예수님과 나와의 관계가, 바르게 이루어져야 앞으로 신랑 예수님께서 공중으로 재림하실 때에, 공중 혼인 잔치에 참여하는 자가 됩니다.(계19;7,9) 따라서 나의 신앙이 어떤 위치에 있는가를 파악하여, 신부의 자리에 오르는 자가 되어야 하는 것입니다.

따라서 마태복음 7장7~12절에 "구하라 그리하면 너희에게 주실 것이요. 찾으라 그리하면 찾아낼 것이요 문을 두드리라 그리하면 너희에게 열릴 것이니, 구하는 이마다 받을 것이요. 찾는 이마다 찾아낼 것이요. 두드리는 자에게는 열릴 것이니라. 너희 중에 누가 아들이 떡을 달라하는데 돌을 주며 생선을 달라하는데, 뱀을 줄 사람이 있겠느냐. 너희가 악한 자라도 좋은 것으로 자식에게 줄줄 알거든 하물며 하늘에 계신 너희 아버지께 구하는 자에게 좋은 것으로 주시지 않겠느냐." 말씀하시고 있는데, 7~8절에 "구하라"는 말씀은 마태복음 6장 31~33절에, 의(衣) 식(食) 주(住)를 구하지 말라고 말씀하시며, 이것은 이방인이 구하는 것이요, 이보다 먼저 그의 나라와 그의 의(義)를 구하라고 말씀하고 있습니다. 그러므로 무엇을 구하여야 하겠습니까? 이는 누가복음 11장13절로 "구하라 너희 천부께서 구하는 자에게 성령(聖靈)을 주시지 않겠느냐" 하시는 말씀으로, 우리에게 주시기 위한 것임으로 구하라는 것이며, 성령과 성령 충만함을 받도록 구하라는 것입니다.

"찾으라." 하신 말씀의 찾으라는 것은, 요한복음 14장4절과 16장28절에 말씀하신대로, 예수님께서 가신 길(道), 즉 생명 길을 찾으라는 것으로, 성령 받은 후에는 하늘 영광에 합당한, 열매 맺는 생명의 길로 나아가라는 말씀입니다. 따라서 생명 길을 찾는 자는 마태복음 7장13~14절에, 신앙의 3단계 중 2단계로 올라선 자인 것입니다.

그리고 "두드리라" 하심은 하늘 문을 두드리라는 말씀으로, 창세기 28장16~17절에 "야곱이 잠에서 깨어 이르되 여호와께서 과연 여기에 계시거늘 내가 알지 못하였도다. 이에 두려워하여 이르되 두렵도다 이곳이여 이것은 다름 아닌 하나님의 집이요. 이는 하늘 문이로다." 한, 하늘 문이 열림을 뜻하는 것으로, 하늘 문을 두드리면 열린다는 것입니다. 그러므로 하늘 문이 열리면 무엇이 보일까요? 하늘 영광의 세계가 보이게 될 것입니다. 즉 나를 위하여 예비 된 하늘의 영광을 보게 하시어, 고난과 핍박 중에도 하늘 영광을 더하게 하시는, 하나님의 역사를 기쁨으로 이기어 승리자가 되게 하는 것으로, 사도행전 7장55~56절에 "스데반이 성령이 충만하여 하늘을 우러러 주목하여 하나님의 영광과 및 예수께서 하나님 우편에 서신 것을 보고 말하되, 하늘이 열리고 인자가 하나님 우편에 서신 것을 보노라." 말씀하고 있습니다. 따라서 하늘 문을 연 승리자는 신앙의 3단계로 올라선 자가 되는 것입니다.

9절에 "떡을 달라할 때 돌을 주며" 하심은, 아들(聖徒)이 떡을 원하면 더 좋은 것을 주시기 위해, 환란을 주시는 것을 알지 못하고, 이를 원망하게 되는 것은 돌이 되는 것입니다.

"생선을 달라할 때 뱀을 주며" 하신 말씀은, 이는 아들들이

불에 구운 생선을 원하는 것으로, 즉 온전한 자가 되기 원할 때(욥2;10), 내 속에 숨겨져 있는 알지 못하는 죄악과 찌꺼기들을 뽑아내기 위해, 유혹자를 잠시 보내는 것이 뱀의 역사인데, 이 때 유혹자에게 넘어지면 뱀으로 받는 자가 됨을 말씀하시는 것입니다.

11절에 "하물며 천부께서 좋은 것으로 주시지 않겠는가?" 함은, 우리를 불러 예수님을 믿게 하시고, 성령을 부어 주시며 또 성령 충만하게, 날마다 생명 길로(믿음의 길로) 인도하시어, 하늘 영광을 더하게 하여주실 것을 말씀하시는 것입니다.

12절에 "대접을 받고자 하는 대로 대접하라"는 것은, 하나님과의 관계에서 올바른 아버지와, 아들의 관계로 정립되어야 함을 나타내는 것입니다.

우리는 믿음으로 어떻게 구원에 이르고 의로운 자가 되는가?

◆4 믿음으로 신앙이 완성케 하는 단계

교회는 말씀의 기초를 가르쳐 어린 신앙에서, 장성하게 되는 가르침의 본분이 있는데, 히브리서 5장13~14절에 "대저 젖을 먹는 자마다 어린아이니 의의 말씀을 경험하지 못한 자요. 단단한 식물은 장성한 자의 것이니 저희는 지각을 사용함으로 연단을 받아 선악을 분변하는 자들이니라." 말씀하심과 같이, 히브리서 6장1~2절의 "우리가 그리스도의 초보를 버리고, 죽은 행실을 회개함과 하나님께 대한 신앙과, 세례들과 안수와 죽은 자의 부활과, 영원한 심판에 관한 교훈의 터를 다시 닦지 말고 완전한 데 나아갈찌니라." 하셨으니, 완전한 믿음으로 나아감은 에베소서 1장13절에 구원의 복음에서, 사도행전 20장24절에 은혜의 복음으로, 또 고린도후서 4장4절에 영광의 복음으로, 깊고 넓고 높은 하나님의 사랑의 진리에 따르는, 신앙의 믿음의 말씀으로 깨달아 나아가는 것을 말하는 것입니다.

즉 첫째인 구원의 복음의 단계는 마태복음 4장23절과, 9장35절에 왕국복음을 말씀하고 있는데, 예수님께서 이 땅에 오셨다는 복음으로, 우리의 심령에 하나님의 왕국이 옮겨진 것을 의미하는, 천국에 대한 기쁜 소식을 깨닫는 단계를 말하는 것이요. 하나님의 복음은 마가복음 1장14절과, 로마서 15장16절과 베드로전서 4장17절 등에 나타나는데, 이 땅에 하나님의 나라에 대한 소식을, 구체적으로 전파하는 복음을 말하는 것으로, 예수님의 피로 구원하셔서 영원한 구원을 이루신 것을, 깨닫게 하는 것이 하나님 나라의 복음인 것입니다.

그리스도의 복음은 로마서 15장19절과, 고린도전서 9장12

절과 빌립보서 1장27절에 기록하고 있는데, 예수 그리스도로 구속하여 주시고 성령 부어주셔서, 그리스도 안에서 거룩하고 흠 없게 하시는, 역사를 이루시는 성자 하나님을 전하는 것이 그리스도의 복음이요. 주 예수 그리스도의 복음은 데살로니가후서 1장8절에 말씀하시고 있는데, 예수님이 우리의 구주가 되시며, 우리의 주인이 됨을 깨닫게 하는 복음으로, 즉 성자 하나님께서 그리스도의 사명을 이루시기 위하여, 육신을 입고 이 땅에 오신 일에 대한, 기쁜 소식을 전하여 주는 것입니다.

예수 그리스도의 복음은 마가복음 1장1절에 말씀하고 있는데, 사람의 육신을 입고 오신 예수 그리스도께서, 그의 대속의 사명을 마치시고 하늘에 오르사, 하나님 우편에 앉아계신 일에 대하여 전파하는 복음이요. 아들의 복음은 로마서 1장9절에 기록하고 있는 것으로, 하나님의 유일하신 독생자 예수 그리스도께서, 자신을 속죄제의 제물로 드리심으로서, 우리를 사망에서 하나님의 아들의 나라로 옮겨 주심을 깨달아, 그에 대한 기쁜 소식을 전하는 복음을 말하는 것으로, 즉 우리가 독생자 예수님으로 말미암아 아들의 나라 안에, 살게 된 것임을 깨닫게 하는 복음인 것입니다.

구원의 복음은 에베소서 1장13절에 "그 안에서 너희도 진리의 말씀 곧 너희의 구원의 복음을 듣고 그 안에서 또한 믿어 약속의 성령으로 인치심을 받았으니," 하심에서 말씀하고 있는데, 즉 구원의 복음은 예수님께서 우리가 죄를 지음으로서 사망에 이르렀을 때, 우리의 죄 값을 대신하여 죽으시고 부활하셔서, 우리가 하나님의 아들들로 의롭게 살아야 할 것을, 예수님이 대신 율법을 다 지켜 순종하심으로, 그 것이 의가 되어 그 의를 입는 자에게, 그 의를 입혀주셔서 구원을 이루어주시는, 기쁜 소식을 전파하는 것이 구원의 복음입니다.

둘째인 은혜의 복음의 단계는 사도행전 10장36절에, 화평의 복음을 말하는 것으로, 화평의 복음은 성령을 받아야 깨닫는 복음인데, 이 복음을 깨달으면 악한 자를 통하여서도, 하나님께서 우리들에게 베푸시는 역사를 볼 수 있음으로, 악한 자들과도 화평을 누릴 수 있게 되는 복음의 단계인 것입니다.

그리고 같은 단계로 평안의 복음이 있는데, 에베소서 6장 15절에 나타나 있습니다. 즉 평안의 복음은 세상의 권세를 이기는 복음으로, 예수님께서 십자가에 못 박혀 돌아가시자, 제자들도 자신들이 죽을까봐 무서워하였습니다. 그런데 부활하신 예수님이 갈릴리에 오셔서 "너희에게 평안이 있을지어다." 하셨습니다. 즉 평안이 있다는 것은 예수님의 말씀과 같이, 예수님께서 하나님 아버지의 뜻을 이루시고, 부활하게 하시는 구원의 역사를 보니, 제자들 또한 세상의 권세들이 두렵지 않고, 평안을 얻게 되니 평안의 복음이 되는 것입니다.

따라서 은혜의 복음은 하나님께서 우리에게 주시는 역사를, 육신적 눈으로 보면 선한 역사와 악한 역사로 볼 수 있는데, 은혜의 복음으로 받으면 악한 것이나 선한 것이나, 모두 좋은 일로 받는 복음의 단계입니다. 즉 사도행전 20장24절에 "나의 달려갈 길과 주 예수께 받은 사명, 곧 하나님의 은혜의 복음을 증거하는 일을 마치려 함에는, 나의 생명을 조금도 귀한 것으로 여기지 아니하노라." 하시는 말씀이 여기에 있는 것입니다. 그러므로 하나님은 모든 것을 통하여 우리로 유익하게 하시려는, 역사임을 봄으로서 모든 역사를 은혜로 깨달아, 받는 기쁜 소식이 되기에 이르는 것입니다.

셋째로는 영광의 복음의 단계인데, 고린도후서 4장4절에 그리스도의 영광의 복음에 대한 말씀으로, 예수 그리스도께서 우리의 구원을 이루시기 위하여, 환란과 핍박을 담당하시고 영광 가운데 계신 것과 같이, 우리에게도 진리로 인한 환란과 핍박을 통하여, 하늘의 영광을 더하게 하시는 복음이 곧 영광의 복음이요. 하나님의 영광의 복음은 디모데전서 1장11절에 나타내신 복음으로, 하나님께서 창세전에 예비하신 영광중에 가장 큰 영광인, 첫째부활의 영광을 입혀주시기 위하여 환란을 주시어, 순교에 이르기까지 이끌어주셔서, 그 영광의 보좌에 앉게 하시는 기쁜 소식의 복음을 말하는 것입니다.

그리고 영원한 복음은 요한계시록 14장6절에 말씀하시고 있는데, 태초에 성부 하나님께서 아들의 영으로 시작하여, 신령한 몸으로 아버지의 나라에서 아들로서의 영광을, 영원히 누리기까지 이끌어 주시는 복음의 말씀입니다.

즉 하나님의 심판 때가 되었을 때, 하나님께 바른 경배를 하게 하는 역사로, 큰 도성 바벨론이 무너졌다는 말씀과, 짐승표인 666을 받지 말라는 것과, 그 짐승의 우상에 경배하지 말라는, 말씀을 전하는 환란 때의 복음으로, 출애굽기 16장13~14절에 "저녁에는 메추라기가 와서 진에 덮이고 아침에 이슬이 진 사면에 있더니, 그 이슬이 마른 후에 광야 지면에 작고 둥굴며 서리 같이 세미한 것이 있는지라." 말씀하고 있는데, "이슬이 마른 후에 서리 같이 둥굴며 작은 만나"의, 작은 것은 요한계시록 10장2절에 펴 놓인 작은 책(두루마리)을 뜻하고, 둥근 것은 끝이 없어 영원함을 의미하는 만나를 말씀하는 것입니다. 그러므로 이슬이 마른 후에 내린다는 것으로, 즉 은혜시대의 이슬이 진 후에 내리는, 환란 때의 만나를 주심을 말씀하시는 것입니다. 그러므로 우리 목회자들은 구원의 복음에서, 은혜의 복음으로 또 영광에 이르는 복음으로, 영원한 복음이 되도록 모든 성도들을 양육하여야 하는 것이, 오늘교회에 부과 된 하나님의 사명인 것입니다.

제1징 믿음의 정의

5 예수 그리스도와 함께 우리의 옛 사람은 죽어야 한다.

요한복음 17장3절에 "영생은 곧 유일하신 참 하나님과 그의 보내신 자 예수 그리스도를 아는 것이니이다." 하시고 있는데, 영생은 하늘나라에서 열매 맺은 대로, 영원히 누리는 삶을 뜻하는 것으로, 요한복음 6장63절에 "살리는 것은 영이니 육은 무익하니라. 내가 너희에게 이른 말이 영이요 생명이라." 하시고 있듯이, 육신의 삶은 앞으로 신령한 몸으로 변화되어, 하나님 아버지와 함께 살게 될 영원한 세계에 비하면, 순간의 짧은 금 같은 시간인 것입니다. 그러므로 하나님께서는 이 땅에서의 우리들의 삶이, 헛되지 않도록 창세전에 하늘에서 그리스도 안에서, 우리를 아들의 영으로 지으시고 선택하셔서, 의로운 자로 살게 하시려고 우주 만물을 창조하시고 이 땅에 보내신 것입니다. 우리의 이 땅의 삶은 그리스도 예수 안에서, 하늘나라에 합당한 삶을 통하여, 하나님께 감사하는 영광의 경배로 열납되게 하고, 하나님 아버지와 예수 그리스도께서 계시하신, 성경 말씀을 통하여 하나님을 깨달아, 성령을 받고 성령으로 열매 맺은 대로, 하늘나라에서 영원히 누릴 영생의 생명이 되게 하시려는 것입니다.

예수님께서는 하나님의 본체이시나 하나님과 동등 됨을 취하지 아니하시고, 종의 형체로 오셔서 우리의 죄로 말미암아 십자가에 못 박혀 죽으셨습니다. 그러므로 우리들도 예수님과 함께 십자가에 죄로 죽고, 하나님의 의로 다시 살아나는 믿음에 자녀들이 되어야 하는 것입니다.

즉 믿음(아만, אמן)은 예수 그리스도와 함께 나의 옛 사람인 육신이 죽고, 하나님의 의로운 자로 살림 받는 것으로, 로마서 8장11절에 "예수를 죽은 자 가운데서 살리신 이의 영이 너희 안에 거하시면, 그리스도 예수를 죽은 자 가운데서 살리신 이가 너희 안에 거하시는 그의 영으로 말미암아 너희 죽을 몸도 살리시리라." 하셨듯이, 생명인 말씀이 믿음 안에서 이루어지는 것입니다. 새 생명은 죄인의 몸이 아닌 예수님과 같은 몸으로서, 예수님으로 말미암아 되어지는 새 피조물이 되었음을 의미하는 것입니다.

그러나 우리의 육체는 예수님을 믿기 전이나 후에도 변화는 없습니다. 하지만 우리의 영원한 생명인 영혼은, 하늘에 영생하는 영으로 바뀌는 것입니다. 갈라디아서 5장24절에 "예수 그리스도의 사람들은 육체와 함께 그 정과 욕심을 십자가에 못 박았느니라." 말씀하시고 있는데, 우리의 몸에 죄성을 십자가에 못 박아, 처형된 자들은 새로운 피조물이 된 자들로, 자신이 주인이 아니라 예수님이 나의 주인이 되고, 구주가 되심으로 예수님의 소유로 존재하는 삶이 되어야 하는 것입니다. 그러므로 예수님을 믿기 전에 육신과, 믿음 후에 육신은 전혀 다른 것입니다. 물론 육체는 같지만 예수님을 믿는 자가 되었으니, 그리스도인으로 문패가 바뀌는 것입니다.

하늘에서 하나님의 생명으로 낳은바 된 아들들이지만, 이 세상에서 예수 그리스도 안에서 새 사람이 되어진 우리는, 우리의 인격과 성품을 나타내는 것이 아니라, 마태복음 12장50절에 "누구든지 하늘에 계신 내 아버지의 뜻대로 하는 자가 내 형제요. 자매요. 모친이니라. 하시더라." 말씀하시고 있듯이, 하나님의 뜻대로 이루어가는 자들이 되어야하는 것입니다.

예수님은 하나님 아버지의 영광과 능력의 본질이 같으신 분

제1징 믿음의 정의

으로, 하나님은 한분이시지만 일하는 위치에 따라, 성부, 성자, 성령의 세 인격으로 일하시는 분이십니다. 그러므로 하나님은 예수님을 우리에게 보내셔서, 우리가 하나님의 아들로서 하늘나라에서 하나님이 예비한, 영광과 상급들을 모두 받아 누릴 수 있는 믿음으로까지, 양육시켜서 이 땅에서 예수 그리스도의 분량에 이르도록, 양자의 영인 성령으로 길러 마침내는, 하나님 아버지께서 예비한 모든 영광을 받아, 영원토록 아버지를 찬송케 하려는 것입니다.

요한복음 19장26~27절에 "예수께서 그 모친과 사랑하시는 제자가 곁에 섰는 것을 보시고, 그 모친께 말씀하시되 여자여 보소서 아들이니이다 하시고, 또 그 제자에게 이르시되 보라 네 어머니라 하신대, 그 때부터 그 제자가 자기 집에 모시더라."고 말씀하셨는데, 예수님께서 십자가에 달리셔서 자신의 모친에게 "여자여(귀나이, Γύναι)" 하고 부르신 것은, 예수님이 동정녀 마리아에게서 낳았으나, 근본은 하나님의 독생자임을 나타내신 말씀입니다. 즉 마리아가 육신의 아들로 예수님을 보는 단계가 지났기 때문입니다.

마리아(Μαρία)도 처음에는 자기 아들이 십자가에 달린 것을 보다가, 비로소 자신을 위하여 십자가에 달린 하나님의 독생자를 깨달은 것입니다. 그러므로 "여자여" 한 것은 산자의 어미를 뜻합니다. 마리아도 예수 안에서 산자의 어미가 되어, 그를 통하여 살리는 역사를 하는 것을 나타내는 것입니다.

사랑하는 제자 요한에게 이제는 네 어머니라 하심도, 산자의 어머니란 뜻으로 즉 교역자로써 어머니의 역할을 하여, 신령한 말씀으로 먹여 키워야지, 만약 교역자가 잘못된 것을 먹여놓으면, 다 그 교인은 악한 자가 되는 것임을 말씀하는 것입니다.

다시 설명하면 예수님께서 십자가에 달려 죽으심으로, 세배대의 아들이었던 요한(이오안네스, Ἰωάννης)은 죽고, 예수 안에서 새 사람으로 산자가 되었기 때문입니다. 종전의 육신에 세배대의 아들은 예수님과 함께 죽어지고, 예수님 안에서 하나님의 아들로 살아난, 사도 요한을 보고 “네 어머니(메테르수, μὴτηρ σου)”라고 말씀하고 있는 것입니다. 그러므로 먼저 어머니가 되는 교역자가 자신의 자녀를 바로 키울 때에, 그 자녀의 믿음이 예수님의 분량으로까지 자라나 장성한 자에 이르는 것입니다.

창세기 3장20절에서도 하와가 산 자의 어미가 되었다고 하였는데, 즉 옛 육신의 사람은 죽고 하나님의 아들로 사는 것이 산자의 삶인 것입니다. 따라서 마태복음 27장56절에서도 예수님께서 사도 요한에게 마리아(Μαρία)를 “네 어머니”라 하시는 것으로, 구주 되시는 예수님이 십자가에 달려 죽으심으로, 우리의 옛 사람도 예수님과 함께 십자가에 달려 죽고, 이제는 예수님 품안에서 하나님의 아들로, 새 사람으로 산 자가 된 것으로, 갈라디아서 5장24절에 “그리스도 예수의 사람들은 육체와 함께 그 정과 욕심을 십자가에 못 박았느니라.” 말씀하고 있는 것입니다. 그러므로 자기 자신의 죄의 몸이 십자가에 달려, 죽은 것이 분명하면 예수님 안에서 새 사람인, 하나님의 아들들로 살게 되는 것입니다.

즉 새 사람으로 산다는 것은 하나님의 아들로 사는 것으로, 실제로 영적 부모가 하나님이시며 또 하나님의 말씀을 증거하여, 영적으로 길러가는 교역자가 어미의 역할을 하게 되니, 영적 아비가 되는 것입니다. 예수님도 자신의 어머니 마리아

제1징 믿음의 정의

를 사도 요한의 어머니로 바꾸어 놓았듯이, 오늘날 우리들의 진정한 형제와 어미는, 예수님 안에서 형제와 어미로 누가복음 8장21절에 "내 모친과 내 동생들은 곧 하나님의 말씀을 듣고 행하는 이 사람들이라 하시니라." 말씀하시고 있으니, 진리 안에 형제가 되어야 하는 것입니다.

창세기 22장1~19절에 하나님께서 아브라함에게, 사랑하는 이삭을 번제로 드리라 하셔서, 함께 모리아 제단으로 올라갔으나 나중에 되돌아 올 때는, 19절에 "이에 아브라함이 그 사환에게로 돌아와서 함께 떠나 브엘세바에 이르러 거기 거하였더라." 함으로서, 아브라함이 혼자 내려온 것처럼 기록하고 있습니다. 즉 이것은 모리아 제단에서 아브라함의 아들인, 이삭은 죽고 하나님의 아들로 다시 받았기 때문에, 아브라함 혼자 내려온 것으로 기록하고 있는 것입니다.

6 그리스도 예수 안에서 천국에 앉힌바 된 자가 되어야한다.

예수 그리스도와 함께 죽은 자는 육신의 죽음을 두려워하지 않으며, 예수님 안에서 새롭게 태어난 자로서, 하나님의 아들 된 믿음으로 살아가게 되는 것입니다. 즉 하나님의 아들들은 육신의 믿음에서, 영의 믿음으로 건넌 자들로 성경에서, 육의 강을 건넌 자라 하여 히브리인(하이브리, העברי)이라 하였는데, 히브리인은 "강을 건넌 자"라는 의미로 육적 땅에서 벗어나, 하나님의 소망에 따라 사는 영적 사람이 됨을 나타내는 뜻으로, 번제 제사로 드려진 믿음의 사람임을 말하는 것입니다.

빌립보서 3장5절에 사도 바울이 자신을 히브리인 중의 히브리인이라 하였는데, 바울 사도는 이스라엘 12지파 중에 베냐민 지파로 요단강을 건넌 히브리인입니다. 그런데 히브리인 중에 히브리인이라 말한 것은, 이스라엘 12지파 중에 10지파는 북왕국 이스라엘이었고, 유다 지파와 베냐민 지파는 남유다 왕국이 되었습니다. 즉 북왕국 10지파는 다윗의 기업과 상관이 없게 되었고, 남왕국의 유다 지파와 베냐민 지파가 있었던, 남유다 왕국은 다윗의 기업이 있어, 솔로몬 왕 이후 예수님이 오시는 족보가 되었습니다.

물론 이스라엘 12지파가 모두 요단강을 건너 히브리인이 되었지만, 이 12지파 중에 다윗의 기업이 있어, 주님이 오시는 계보가 된 지파가, 참 히브리인이라는 의미에서 바울 사도는, 히브리인 중에 히브리인이라 한 것입니다. 그러므로 우리들도 영적 히브리인이 되어야 하는 것입니다.

예수 그리스도 안에서 종전에 마귀의 종노릇하던, 죄의 몸은 죽고 주님과 부활에 연합된 자는 영적 히브리인인 것입니다. 그리고 그 히브리인 중에 순교의 믿음으로, 순교의 강을 건넌 자는 히브리인 중에 히브리인이 되는 것입니다. 육의 믿음의 강을 건넌 자는, 영적 사람이 되어 열매 맺는 생명으로, 하나님의 아들답게 살아 하나님께서 베푸신 은혜와, 사랑에 감사함으로 영광과 찬양을 드리며 살아가는 것입니다.

그리고 다니엘서 12장5~7절에 첫째부활의 영광을 보여주신 대로, 소망 가운데 산 순교의 삶으로 사는 믿음의 아들들에게는, "나 다니엘이 본즉 다른 두 사람이 있어 하나는 강 이편 언덕에 섰고 하나는 강 저편에 섰더니, 그 중에 하나가 세마포 옷을 입은 자, 곧 강물위에 있는 자에게 이르되 이 기사의 끝이 어느 때까지 하기냐 하기로, 내가 들은 즉 그 세마포를 입고 강물위에 있는 자가 그 좌우 손을 들어 하늘을 향하여 영생하는 자를 가리키며 맹세하여 가로되 반드시 한 때 두 때 반 때를 지나서 성도의 권세가 다 깨어지기까지 그렇게 되면 이 모든 일이 다 끝나리라 하더라." 말씀하시고 있는데, 세마포 옷을 입고 강위에 있는 자가, 강 저편에서 이편으로 인도하는 것은, 순교의 강을 건너게 하시는 말씀으로 이러한 때는, 한 때 두 때 반 때가 지나서 성도의 권세가 깨어지기까지 있을 것이요. 또 순교를 통하여 첫째부활의 영광에 이르게 하는, 하나님의 가장 큰 사랑의 역사를 나타내 보여주시는 것입니다.

히브리서 9장27절에 "한번 죽는 것은 사람에게 정하신 것이요. 그 후에는 심판이 있으리라." 말씀하시고 있는데, 지금까지 영원히 산 사람은 없습니다. 사람은 누구나 때가 되면 죽게 되어 있습니다. 그러므로 옛 사람은 예수님 안에서 하나님의 아들로 사는 성도들이 히브리인인데, 그 가운데 환란을 통하여 순교하게 하고, 첫째부활의 영광에 이르게 될 것을 믿음으로, 미리 받아 누리는 기쁨 속에 사는 자는, 영적으로 히브리인 중에 히브리인이 되는 것입니다.

다시 말하면 하늘에서 하나님이 이루실 하늘위에 것을 바라보고, 하나님의 뜻에 합당한 하늘 영광만을 바라보며, 하늘에 열매 맺는 예수 그리스도의 부활하심과, 영광을 실상으로 보고 부활하신 예수 그리스도를, 나의 구주로 믿는 것이 믿음이요. 또 예수님을 통하여 하나님 아버지를 알게 되며, 그리스도와 연합되어 나의 옛 사람은, 갈라디아서 5장24절에 "그리스도 예수의 사람들은 육체와 함께 그 정과 욕심을 십자가에 못 박았느니라." 하신 말씀과 같이, 십자가에 이미 죽었고 예수님이 부활하심으로 연합된 우리는, 예수님과 함께 하늘에 앉힌바 된 자로서, 영원히 죽음을 보지 않는 영혼들이 되어 산 자들이 된 것입니다. 그런데 하나님께서 히브리인이 된 우리들을 영적으로, 더 큰 영광과 상급을 입혀주시기 위하여, 순교케 하시는 역사를 이루시는데, 순교하는 역사에 동참하는 자들에게는 히브리인 중에, 히브리인이 되게 하셔서 천년왕국에서, 예수님과 함께 다스리는 왕으로 삼으시는 것입니다.

제1징 믿음의 정의

제 2장 믿음이냐 행함이냐?

믿음이냐 행함이냐?

　믿음이란 히브리서 11장1~2절에 "믿음은 바라는 것의 실상이요 보지 못하는 것들의 증거니 선진들이 이로써 증거를 얻었느니라." 말씀하고 있는데, 믿음이란 그러면 지키는 것과 행하는 것이 무엇이 다른 것이겠습니까? 행하는 것은 내가 생각하고 나의 뜻한 대로 행하는 것이고, 지키는 것은 행하는 것과 혼동하기 쉬운데, 하나님의 말씀을 믿고 그 말씀에 따라 순종하는 것을 말하는 것입니다.

　오늘날 우리는 하나님의 말씀을 많이 보고 듣습니다. 그런데 하나님의 말씀을 따라 순종하며 잘 지키지 않습니다. 바로 하나님의 말씀은 언약의 말씀인데 말입니다. 이것은 하나님의 말씀을 신뢰하지 않아 순종하며 믿지 않는 것입니다. 그러므로 우리가 행하는 것이 아니고 하나님의 언약의 말씀에 따라야 하는 것입니다. 하나님께서도 그래서 지키는 자들이 복이 있다고 말씀하시는 것입니다.

　그럼 우리는 언제까지 또 순종하며 믿고 따라야 하는 것일까요? 창세기 15장5절에 하나님께서 아브라함에게 일흔 다섯 살을 전후하여, 내가 네 후손을 하늘의 별과 같이 많게 해주시겠다고 하셨습니다. 이것은 하나님께서 아브라함에게 어떠한 댓가 없이, 은혜로 일방적인 언약을 하신 것입니다. 그런데 한 해, 두 해, 세 해가 지나고 십 년이 되었어도, 아브라함은 한명의 아들도 딸도 낳지 못했습니다. 성질 급한 우리들이라면 하나님 어지간하면, 다음 해부터 아들도 낳고 딸도 낳고 쌍둥이도 낳고 하면, 하나님이 언약하신 대로 주신다고 굳게 믿었을 것입니다. 그런데 주시지 않았습니다.

　얼마 동안 안주셨습니까? 자그마치 아흔 아홉까지 주시지 않았습니다. 그런데 바로 삼십년 전에 사라는 아브라함에게, 자기 여종 하갈을 주어서 이스마엘을 낳게 하였습니다. 우리 한번 생각해봅시다. 사라가 믿음이 없어서 하갈에게 아들을 낳게 했을까요? 만약 그랬다면 하나님께 죄가 됩니다. 왜냐하면 하나님께서 누구에게 네 후손을, 하늘의 별과 같이 많게 해주신다고 하였습니까? 사라에게 입니까? 아니면 아브라함에게 입니까? 하나님께서는 아브라함에게 말씀하셨지요.

　사라가 젊고 예쁠 때 하나님께서 아브라함에게, 많은 후손을 주겠다고 하셨을 때 그렇게 믿고 기다렸습니다. 그러데 자신이 점점 늙어갔습니다. 이제는 나이가 많아 아이를 낳지 못하게 되었습니다. 그래서 사라는 생각했습니다. 아브라함마저도 늙으면 아이를 낳을 수 없지, 아마도 하나님께서는 아브라함에게 약속하셨으니, 나에게는 해당되지 않는가 보다. 그리고 나는 이제 낳지 못할 것이니, 젊은 여종 하갈을 통해서 아이를, 낳게 하는 것이 좋겠다고 생각한 것입니다. 사라가 하나님의 말씀을 의심하거나 믿지 않은 것이 아닙니다. 그러니까 아브라함이 99살, 사라기 89살 되었을 때, 하나님께서 오셔서 아브라함에게 "명년 이맘때에 사라가 네 아들을 낳으리라." 하신 말씀을, 사라도 장막 밖에서 들었습니다.

그리고 아브라함도 웃었지만 사라도 웃었습니다. 우리는 이것을 잘 보아야 합니다. 하나님의 말씀을 비웃었다고 하면 크게 잘못입니다. 기쁨으로 웃었다고 보아야합니다. 다시 말하면 하나님이 주실 것이라는, 믿음이 있었으니까 기뻐서 웃은 것입니다. 믿음이 없었다면 웃을 까닭이 없습니다. 하나님께서 사라에게 "네가 웃었느니라."고 하셨을 때, 사라는 "내가 웃지 아니 하였나이다." 하고 대답하였습니다. 그러나 하나님께서는 "웃는 것을 내가 보았느니라." 말씀하십니다. 창세기 18장12절에 분명히 속으로 웃었다고 하였습니다. 속으로 웃었다는 것은 사라의 마음에 믿음이 있다는 말씀입니다. 오늘 우리에게도 하나님께서 말씀이 계시면, 바로 이루어 주시길 바라는데, 우리의 생각대로 잘 맞지 않을 때가 더 많습니다. 하지만 하나님이 더 급하십니다. 그러므로 우리는 기다리는 지혜가 필요한 것입니다.

로마서 4장18~22절에 의하면 아브라함이 백 살이나 되었어도, 그 믿음이 약해지지 않았다고 하였습니다. 그리고 그것이 곧 아브라함의 의라고 말씀하셨습니다. 그러므로 태초부터 있는 생명의 말씀이, 하늘에서는 하나님의 생명을 주신 아들들의 영으로 창조하셨고, 이제부터는 그 아들의 영들이 하늘 나라에서, 영광중에 찬송하시는 생명의 말씀으로 역사하고 계시는, 현실을 증거하고 있는 것입니다. 요한에게도 그 말씀이 생명의 말씀으로 오셔서, 열매 맺는 생명으로 역사를 이루어 냈습니다. 그런데 우리는 아무리 많은 말씀을 들어도, 잘 깨달아지지 않는 것 같습니다. 그러므로 하나님께서 세상의 법이 아닌, 하늘의 법을 주셔서 그 법을 따라 살게 하시는 것으

제2장 믿음이냐 행함이냐?

로, 그 법을 우리는 흔히 계명(율법), 또는 말씀이라고 하는 것입니다.(율법에 대하여는 "율법이 어떻게 복음으로 자유케 되었는가?"를 참조하세요.)

시편 23편1~3절에 "여호와는 나의 목자시니 내가 부족함이 없으리이다. 그가 나를 푸른 초장에 누이시며 쉴만한 물가로 인도하시는도다. 내 영혼을 소생시키고 자기 이름을 위하여 의의 길로 인도하시는도다." 말씀하시고 있는데, 하나님께서는 자신의 뜻을 세우시고 그 뜻을 이루시기 위하여, 주님 안에서 안식하는 새로운 피조물 된, 우리들이 쓰여지도록 이끄시는 역사를 계속하시는 것입니다.

따라서 고린도전서 6장17절에 "주와 합한 자는 한 영이니라." 하시는 것으로, 즉 주와 합한 자는 빛이신 주님 안에서, 어두움이 없어 빛의 일에 쓰임 받는, 하늘의 영광에 안식하는 자가 되는 것입니다. 오늘의 우리들도 우리가 먹고 마시고 일하는 모든 것들이, 새로운 피조물로서 하늘나라의 영원한 기업을 예비하는, 빛의 열매 맺는 안식의 생활이 되어야 하는 것입니다.

그런데 오늘날 영원한 생명의 믿음의 길과, 멸망의 길인 악의 길이 혼돈하여, 바른 믿음의 신앙생활을 하는 사람들이 많지 않습니다. 그러므로 오늘 우리는 생명의 길인 믿음의 길과, 멸망의 길인 행함의 길을 분별하여 깨달아, 주님께서 인도하는 의의 길로 인도함 받아야 하는 것입니다.

◆1 행함은 자신의 의의 길이다.

행함의 길은 바른 믿음의 길이 아닙니다. 자신의 의의를 나타내는 길로서 로마서 9장30~32절에 "그런즉 우리가 무슨 말을 하리요. 의를 좇지 아니한 이방인들이 의를 얻었으니 곧 믿음에서 난 의요. 의의 법을 좇아간 이스라엘은 법에 이르지 못하였으니 어찌 그러하뇨. 이는 저희가 믿음에 의지하지 않고 행위에 의지함이라. 부딪힐 돌에 부딪혔느니라."말씀하심에서 나타내시고 있습니다.

즉 이방인은 구약에서 아브라함의 후손들인, 이스라엘 민족과 하나님이 맺은 언약을, 다른 모든 민족들과 구분되도록 부른 이름인데, 오늘날은 구주이신 그리스도를 믿지 않는 사람들을 일컫는 말로 쓰이나, 본문에서는 율법이 없는 자들을 가리키는 의미로 사용하고 있는 말로, 이들은 하나님의 율법은 없으나 믿음에 의하여, 하나님의 의로 의롭게 되었다는 말씀인 것입니다.

그러나 하나님의 계명과 말씀을 받은 이스라엘 백성들은, 하나님께 받은 계명대로 하나님을 섬기며 믿음생활을 하였지만, 하나님의 의에 이르지 못하였다고 하고 있습니다. 왜냐하면 이스라엘 백성들은 믿음으로 의를 구하지 아니하고, 계명에 따르는 행위로 구하였기 때문이라는 말씀으로, 행위로 구하였다는 것은 하나님께서 계명을 주신, 의의와 목적을 알지 못하고 인간의 생각인, 육신의 법적 윤리적 규범으로만 지켜 행하였다는 말씀인 것입니다

로마서 9장33절에서도 "기록된바 보라 내가 부딪히는 돌과 거치는 반석을 시온에 두노니 저를 믿는 자는 부끄러움을 당치 아니하리라 함과 같으니라."말씀하고 있는데, 거치는 반석은 예수 그리스도를 말하고, 이스라엘 백성들은 율법을 자

신들의 행위로 구함으로서, 복음의 진리이신 예수님을 믿지 아니하고, 오히려 십자가에 못 박음으로서 하나님의 의의 법에 이르지 못하고 넘어졌던 것입니다. 그러므로 행위로 구하는 믿음에 있는 자들은, 멸망에 이르는 길에 있는 자들이요. 복음의 진리이신 예수 그리스도를 믿는 자들은, 영광을 불태우는 부끄러운 구원에, 이르지 아니한다고 말씀하시고 있는 것입니다.

로마서 10장1절에는 "형제들아 내 마음에 원하는 바와 하나님께 구하는 바는 이스라엘을 위함이니 곧 저희로 구원을 얻게 하려 함이라." 하시고 있는데, 사도 바울이 이스라엘 백성들의 구원을 위하여 간절히 기도한 내용으로, 이스라엘백성들이 지옥 가는 것을 막고, 천국 들어가는 것을 위하여 한 기도가 아닌 것입니다. 누가복음 17장20절에 언제 하나님의 나라가 오겠느냐는 바리새인들의 질문을 받고, 예수님께서 그들에게 말씀하시기를, 하나님의 나라는 볼 수 있게 오는 것이 아니라, 너희 안에 있다고 말씀하셨습니다.

다시 말하면 이미 택함을 받아 아브라함의 자손이 된, 이스라엘백성들은 멜기세덱의 구원을 받은 자들입니다. 이들은 하늘나라에서 아들의 영으로 있다가, 이 땅에 보냄받아 하늘나라의 기업을 받고 영생하는 삶, 즉 성령을 받아 성령의 열매가 있는 하늘 영광으로, 예비하게 하시는 주님의 더 큰 구원을 바라는 기도입니다.

그런데 이스라엘백성들은 하나님의 말씀을, 육신의 법으로만 알고 믿고 따름으로서, 하나님의 의에 이르지 못함으로 하나님의 의에 이르러, 온전한 믿음의 백성들이 되도록 기도하는 것으로, 로마서 10장2~3절에 "내가 증거하노니 저희가 하나님께 열심히 있으나 지식을 좇은 것이 아니라, 하나님의 의를 모르고 자기 의를 세우려고 힘써 하나님의 의를 복종치 아니하였느니라." 말씀하고 있는 것입니다.

하나님의 계명인 율법을 해석하고 가르치는, 선생들인 서기관들과 바리새인들과 사두개인들이, 하나님이 왜 계명을 주셨는지 그 의의와 뜻을 모르고, 율법의 계명을 육신의 법으로 받아 의로 여기는 유대인들은, 다른 사람들에게 자신이 지키는 의로, 하나님을 모범적으로 섬기는 것으로 가르쳤습니다. 그러므로 하나님의 의인 하나님께서 베푸시는 은혜와 사랑을 잊게 하고, 감사함도 저버리게 함으로서 그들의 열심만 나타냄으로, 계명인 율법에 대하여는 인간의 지식으로는 박식하지만, 하나님의 의를 모르고 하나님 아버지를, 잘 알지 못하게 함으로서 멸망의 길로 이끄는 것입니다. 그럼 우리를 어떻게 구원하셨고, 어떠한 구원으로 이끄시는 가를 살펴보도록 합시다.

2 ▶ 지옥(地獄)갈수 없는 영원(永遠)한 구원(救援)

성경 말씀 에베소서 2장8절에 보면 "너희가 그 은혜를 인하여 믿음으로 말미암아 구원을 얻었으니 이것이 너희에게서 난 것이 아니요. 하나님의 선물이라." 하셨고, 또 빌립보서 2장12절을 보면 "너희가 복종하여 두렵고 떨림으로 너희 구원을 이루라." 하셨습니다.

그런데 왜 성경은 우리가 구원을 받았다고도 말하고 있고, 구원을 이루라고 대립적으로 말하고 있는 것일까요? 예수 그리스도께서 피 흘리심과 대속제물 되심은, 히브리서 9장12절에 "오직 자기 피로 영원한 속죄를 이루셨다고 하셨으며, 또 로마서 8장33~35절에 누가 송사하리요. 의(義)롭다 하신 이는 하나님이시니 누가 정죄하리요. 죽으실 뿐 아니라 다시 살아나신 이는 그리스도 예수시니, 그는 하나님 우편에 계신 자요. 우리를 위하여 간구하시는 자시니라. 누가 우리를 예수의 사랑에서 끊으리요."라고 말씀하고 있습니다.

만일 예수 그리스도를 믿은 후 범죄(살인, 간음, 도둑질 등)하여, 지옥 간다고 하면 마귀가 하나님과 같거나, 더 센 자가 되는 것입니다. 즉 이원론에 빠지고 마는 것입니다. 예수님의 피로 의롭다 함을 받은 자를, 마귀나 사단이 지옥으로 보낼 수 있다면, 예수님의 속죄 구원의 효력이 상실되는 것입니다. 다시 말하면 무효가 되는 것입니다. 마귀가 하나님보다 강한 힘의 소유자가 되기 때문입니다. 그러므로 에베소서 2장8절에 하나님의 은혜로 인하여 믿음으로 구원받은 자는, 우리의 영의 구원을 말하는 것으로(지옥에서 천국으로), 그 누구도 빼앗

우리는 믿음으로 어떻게 구원에 이르고 의로운 자가 되는가?

을 자가 없는 것입니다.(요10;28~29)

그리고 빌립보서 2장12절을 보면 "너희가 복종하여 두렵고 떨림으로 너희 구원을 이루라." 하셨는데, 하나님은 왜 이 땅에 하나님의 자녀들을 보내셨을까요? 우리 인간의 제일 되는 목적은 하나님께 영광 돌리는 삶, 즉 하늘나라에 합당한 열매 맺는 기쁨 가운데, 하나님을 찬송하는 것으로 이사야서 43장 21절에 "이 백성은 내가 나를 위하여 지었나니 나를 찬송하게 하려함이라." 하시고 있고, 또 에베소서 1장6절과 14절에서도 "하나님이 우리를 예수로 인하여 하나님의 아들 되게 하심은, 그의 은혜의 영광을 찬미케 함이라." 하셨고, 빌립보서 1장11절에서도 "예수로 말미암아 의의 열매가 가득하여 하나님의 영광과 찬송이 되게 하시기를 원하노라." 말씀하고 있습니다.

따라서 구원을 이루라는 말씀은 생활구원이라고 말하는 것으로, 하나님의 은혜에 감사로 찬송하며 선한 일로 열매 맺는 것인데, 즉 믿음의 열매 맺는 성화되는 삶으로, 영생의 삶을 말하는 것입니다.

마가복음 16장16절에 "믿고 세례를 받는 사람은 구원을 얻을 것이요."의, 구원은 지옥에서 천국으로 가는 영의 구원이 아닌, 진정한 성령 세례를 통한 생활구원을 말하는 것이며, 세례란 로마서 2장28~29절에 표면적 육신의 할례가 아니라, 오직 마음의 할례로 죄악에서 벗어난 삶으로서, 사망의 길에서 돌이켜 생명 길로 나아가는 삶을 말하는 것입니다. 그러므로 예수님은 이 생활구원 즉 성령으로 믿음의 열매 맺는 구원을, 영의 구원보다 더 큰일로 보십니다.(요1:50)

요한복음 15장16절에 "내가 너희를 택하여 세웠나니, 이는 너희로 가서 과실을 맺게 하고, 또 너희 과실이 항상 있게 하려 하심이라"고 말씀하고 계십니다. 따라서 구원은 영의 구원과(기본구원 또는 생명구원이라고도 함) 생활구원(성화, 열매 맺는 구원 등으로 표현)으로 구별해보아야 합니다. 그러나 생활로 영의 구원을 판단하는 자는, 바리새인과 똑같은 독사와 같음도 알아야합니다.

그리고 누가복음 6장19~31절에 보면 한 부자와 나사로를 통하여, 열매 맺는 길과 멸망의 길을 보여주고 있는데, 누가복음 16장19절에 "한 부자와 나사로인 거지,"란, 그들의 생활을 말하는 것으로 예수님을 믿느냐, 안 믿느냐가 아닌 것입니다. 부자는 자색 옷을 입고 호화로이 안락하며 살았으며, 거지 나사로는 부자의 대문에서 부자의 상에서, 떨어지는 부스러기로 생활한 것을 말하는 것으로, 즉 부자의 상에서 버리는 것은 이사야 5장20~21절에, 단 것을 쓴 것으로 알고 버리는 것으로, 광명을 흑암으로 알고 버렸고, 선을 악하다고 알고 버렸다는 말씀입니다.

따라서 누가복음 16장22~23절에 "사후 나사로 거지는 아브라함 품에, 부자는 음부에" 갔다고 말씀하고 있습니다. 부자가 간 음부란 지옥과 다른 곳으로, 지옥은 "게헨나(γέεννα)"로 백보좌 심판 때, 둘째 사망으로 신령체로 가게 되는 불못이며, 본 절의 음부는 "하데(ἅδη)"로 지옥을 나타내는 의미가 아닌, 백보좌 심판 전에 가있는 곳인 음부로, 열매 맺지 못하여 상급이 없는 자들이 가는 곳입니다.

즉 창세기 44장30~31절에 "아비의 생명과 아이의 생명이 서로 결탁되었거늘, 이제 내가 주의 종 우리 아비에게 돌아갈 때에, 아이가 우리와 함께 하지 아니하면, 아비가 아이의 없음을 보고 죽으리니, 이같이 되면 종들이 주의 종 우리 아비

우리는 믿음으로 어떻게 구원에 이르고 의로운 자가 되는가?

의 흰머리로, 슬피 음부로 내려가게 함이니이다." 말씀하고 있는데, "아비의 생명과 아이의 생명이 서로 결탁되었거늘"인, "웨나프쇼 케슈라 베나프쇼(ונפשו קשורה בנפשו)"는, 한 생명으로 묶여있다는 의미로, 사무엘상 18장3~4절에 "요나단은 다윗을 자기 생명 같이 사랑하여 더불어 언약을 맺었으며, 요나단이 자기의 입었던 겉옷을 벗어 다윗에게 주었고, 그 군복과 칼과 활과 띠도 그리하였더라." 하신 말씀과, 골로새서 3장1~4절에 "너희가 그리스도와 함께 다시 살림을 받았으며 위엣 것을 찾으라. 거기는 그리스도께서 하나님 우편에 앉아 계시느니라. 위엣 것을 생각하고 땅엣 것을 생각지 말라. 이는 너희가 죽었고 너희 생명이 그리스도와 함께 하나님 안에 감추었음이니라. 우리의 생명이신 그리스도께서 나타나실 그 때에 너희도 그와 함께 영광중에 나타나리라." 하신 말씀에서 나타나듯이, 믿음의 신앙이 한 영혼으로 결탁되었음을 말하고 있는 것입니다.

그리고 "이제 내가 주의 종 우리 아비에게 돌아갈 때에 아비가 아이의 없음을 보고 죽으리니," 함의, 아비인 야곱(야아코브, יעקב)이 "죽으리니"인 "와메트(ומת)"는 소멸될 것을 뜻하는 것을 의미하는 것이며, "종들이 주의 종 우리 아비의 흰머리로 슬피 음부로 내려가게 함이니이다."의, 흰머리는 "세바티(שיבתי)"인데 즉 백발을 나타내는 말로, 백발은 이사야 46장3~4절에 "야곱의 집이여 이스라엘의 집에 남은 모든 자여 나를 들을찌어다. 배에서 남으로부터 내게 안겼고 태에서부터 남으로 내게 품기운 너희여, 너희가 노년에 이르기까지 내가 그리하겠고, 백발이 되기까지 내가 너희를 품을 것이라 내가 지었은즉 안을 것이요. 품을 것이요 구하여 내리라."

하였는데, 야곱의 집은 외적인 교회를 의미하고, 이스라엘의 집안은 내적인 믿음의 교회를 의미하며, 태에서 남으로부터는 교회의 시작을, 노년에 이르렀다 함은 교회의 마지막 때가 되었음을 말하는 것입니다.

시편 92편13~14절에서도 늙음은 말씀의 최후의 단계를 보여주고 있는데, "여호와의 집에 심겼음이여 우리 하나님의 궁정에서 흥왕하리라. 늙어서도 결실하며 진액이 풍족하고 빛이 청정하여 여호와의 정직하심을 나타내리라." 즉 교회의 마지막 때를 의미하고 있습니다.

그리고 "슬피 음부로 내려가게 함이니이다."는, "뻬야곤 쉐올라(ביגון שׁאולה)"의 쉐올라(שׁאולה)는, "무덤, 지옥, 심연, 또는 스올"로 번역되는데, 단어의 뜻의 의미로는 여러 견해들을 피력하고 있습니다.

첫째 쉐올(שׁאל)이 "묻다. 부탁하다."는 의미를 가지는 솨알(שׁאל)에서 온, 죽은 시체를 매장하는 장소를 가리킨다는 견해, 둘째로는 죄인이 죽어서 형벌을 받는 장소를 뜻한다는 견해, 셋째는 스올이 공동(空洞)이란 의미를 가지는 쉐오르(שׁאל)에서 유래하여, 지하 세계의 심연을 가리키는 것으로 보는 견해가 있습니다.

즉 음부란 지옥과 다른 곳으로 지옥은 "게헨나(γέεννα)"로, 백보좌 심판 때 둘째 사망의 신령체로 가게 되는 불못이며, 본 절의 음부는 히브리어로 "쉐올(שׁאל)"이며 헬라어로는 "하데스(ᾅδης)"로, 지옥을 나타내는 의미가 아닌 백보좌 심판 전에 있는 곳인, 열매 맺지 못하여 상급이 없는 자들이 백보좌 심판을 기다리며 가있는 곳을 말하는 것입니다.

따라서 "슬피 음부로 내려가게 함이니이다." 함은, 더 이상 소망이 없음으로 슬픈 것으로, 즉 교회 안에 요셉이 의미하는 내적 믿음이 존재하지 않고, 베냐민이 가리키는 인애의 믿음인 매개적 기능도 존재하지 않는다면, 열매 맺지 못하는 생명의 말씀만 남게 됨으로서, 야곱 또한 열매 없는 생명임으로 음부로 가게 될 것을 말씀하고 있는 것입니다.

누가복음 16장24절에 "부자의 고통"도, 음부의 불꽃 가운데 고민하는 것으로, 부자의 영이 음부에 있는 것은, 아직 부활체가 아니므로 불꽃에 닿아도 실제 뜨거움을 느끼지 못합니다. 그러나 이 불꽃의 고통은 사후에 영으로, 하늘 영광으로 예비 된 모든 것을, 다 태워버린 부자 생전에 안락한 삶에 대하여 고통하는 것이며, "나사로를 보내 그 손가락 끝에 물을 찍어 내 혀를 서늘하게" 해주기를 원했던 것은, 진리의 생수 즉 생활구원의 진리를 다시 나에게 주게 해달라고, 그리고 나에게 기쁨이 되게 해달라는 것입니다.

그런데 누가복음 16장26절에 "너와 우리 사이에 큰 구렁이 있어 왕래가 불가하다고" 함으로서, 육신으로 있을 때는 언제든지 회개할 수 있음으로, 낙원의 심령상태로 될 수 있지만 육신을 벗어난 사후에는, 회개가 불가능함을 말씀하고 있는 것입니다.

누가복음 16장27절에 "아버지가 둘" 있다는 것은, 부자가 아브라함을 아버지로 부름으로 택자임을 알 수 있고, 또 이 땅에 내 아버지 집에도 즉 사단을 아버지로 두고 있음을 나타내는 것이요. 누가복음 16장28절에 "내 형제 다섯이 있으니" 는, 생활구원을 실패한 자로서 부자를 포함한 6형제로, 베드로전서 4장3절에 "음란, 정욕, 술취함, 방탕, 향락, 무법한 우상숭배로서 부자의 이름은 향락인 것입니다. 그러므로 오늘 우리들은 성도의 생활자체로, 천국이나 지옥 간다고 판결할 수 없으며, 오직 하나님의 은혜로 택한 자를 구원해 놓고, 불러서 예수님을 믿게 하셨다는 것을 깨닫고, 지옥갈수 없는 영원한 구원을 주심을, 늘 감사해야 하며 천사장을 버려 사단되게 하심도, 이 영원한 구원을 위해 쓰여지게 하기위해, 만드신 도구임을 알아야 할 것입니다.

우리는 믿음으로 어떻게 구원에 이르고 의로운 자가 되는가?

◆3 일원론과 구원의 역사

1) 잘못된 이원론적 구원관

이원론이란 마귀도 하나님과 같이 스스로 있었다고 믿고 있고, 천사장의 타락도 부인하는 등 구원하는 자가, 하나님 외에 다른 사람도 있다고 보는 이론을 말합니다.

즉 이원론적 구원관이란 에덴동산에서 마귀가, 선악과를 따먹게 하여 지옥의 심판을 가져다주니까, 하나님께서 그것을 막지 못하고, 부랴부랴 그의 아들을 이 땅에 보내어, 십자가에 피를 흘려 하나님의 자녀들을 구원한 것으로, 주장하는 견해를 밝히고 있는 것을 말하는 것입니다.

만약에 마귀가 하나님의 자녀들이 죄를 지으면, 지옥으로 끌고 갈 수 밖에 없다고 한다면, 하나님은 하나님의 자녀들이 죄를 짓고, 지옥 갈 때에 하나님은 무엇을 하고 있었으며, 왜 지옥 가게 한 자녀들을 예수님으로 구원을 하였는가의 문제가 나옵니다. 또 마귀가 제 마음대로 하나님의 자녀를 지옥으로 끌고 간다면, 성도들을 언제든지 마귀의 마음대로 몇 번이고 계속하여, 지옥으로 끌고 갈수 있다는 이야기가 되는 것입니다.

마가복음 5장1~19절에 군대의 귀신이 돼지에게로, 귀신의 뜻대로 들어간 것이 아니라, 예수님이 허락하셔서 들어간 것이며, 욥기서 2장1~6절에도 보면 하나님께서 사단에게 욥을 시험하게 할 때도, "오직 그의 생명은 해하지 말찌니라." 하시며 시험을 하게 하였습니다.

마태복음 8장23~27절에 바람과 바다를 예수님이 꾸짖으시매, 사람들이 기이히 여겨 가로되 이는 어떠한 사람이기에 바람과 바다도 순종하느냐? 하고 말하는 것을 볼 때에, 바람과 바다를 잔잔케 하시는 주님만 보지 말고, 바람과 파도도 일으키시고 순종도 함께 하게 함을 보아야하는 것입니다.

신명기 2장17~22절에 시혼왕이 이스라엘백성들이 그 땅을 통과하기를 거절하므로, 하나님이 시혼왕을 강퍅하게 하였는데, 이는 하나님께서 이스라엘에게 시혼과 헤브론 땅을 주시기 위해, 시혼왕의 마음을 강퍅하게 하셨음을 알아야합니다. 오늘날도 병고치고 귀신 쫓아 달라고 하며 두려워하는 신앙과, 환란을 두려워하는 신앙이 바로 잘못된 이원론적 신앙인 것입니다.

이사야서 45장7절에는 "나는 빛도 짓고 어두움도 창조하며 나는 평안도 짓고 환란도 창조하나니 나는 여호와라 이 모든 일을 행하는 자니라."라고 말씀하시고 있습니다. 즉 사단은 성경에서 바알세불(마12:27), 뱀(고후11:13), 용(계12:2), 공중권세 잡은 자(엡2:2), 원수(계11:12), 대적자(벧전5:8), 고소자(계12:10), 시험하는 자(마4:4), 거짓말 장이(요8:44), 속이는 자(계12:9), 살인자(요8:44), 등으로 나타나고 있는데, 사단은 천사장이 범죄하여 하나님이 사단이 되게 한 것으로, 비범한 능력을 가진 초자연적 존재로서, 하나님을 대적하고 인간을 유혹하여 타락시키는 일을 합니다(욥1:6,슥3:1,마4:1,눅8:12,요13:2,행10:38,엡6:11,딤전3:6,약4:7). 그리고 죽음의 권세를 가진 이 세상의 통치자이지만(히2:14), 그리스도에게 결정적으로 패배한 자입니다.

즉 요한계시록 12정7~9절에 "하늘에 전쟁이 있으니 미가엘과 그의 사자들이 용으로 더불어 싸울쌔 용과 그의 사자들도 싸우나 이기지 못하여 다시 하늘에서 저희의 있을 곳을 얻지 못한지라. 큰 용이 내어 쫓기니 옛 뱀 마귀라고도 하고, 사단이라고도 하는 곧 천하를 꾀는 자라. 땅으로 내어 쫓기니 그의 사자들도 저와 함께 내어 쫓기니라." 말씀하고 있는 것으로(마25:31,유1:9,계2:10,20:2), 그러므로 마귀의 모든 활동은 결과적으로 하나님의 도구로 이용되는 것이며(고전5:5,고후12:7), 마침내는 하나님의 의해 멸망당할 운명에 있는 존재인 것입니다(계20:10). 따라서 사단이 우리를 지옥으로 끌고 가지 못합니다. 혹 우리를 지옥으로 보낸다고 하여도 보내시는 분은, 그리스도시며 하나님께서 심판을 통하여 보내시는 것입니다.

제2장 믿음이냐 행함이냐?

2) 일원론의 구원관

　　일원론은 스스로 계신 하나님만 유일하신 창조주이시며, 우리들의 구원자이심을 믿는 믿음의 원리로, 출애굽기 3장14절에 "나는 스스로 있는 자니라." 하심과, 이사야서 44장6절에 "나는 처음이요 나는 마지막이라 나 외에 다른 신이 없느니라." 하신, 말씀에 따르는 신앙의 구원관을 나타내는 것을 말하는 것입니다(사43:10,합1:12).

　　하나님은 모든 만물의 창조자로서 이사야서 44장24절에 "나는 만물을 지으신 여호와라 나와 함께 산자 없이 홀로 하늘을 폈으며 땅을 베풀었고." 말씀하시고 있고, 창세기 1장1절에도 태초에 하나님이 천지를 창조하셨다고 선포하고 있으며, 로마서 1장20절에서도 창세로부터 그의 보이지 아니하는 것들, 곧 그의 영원하신 능력과 신성이 그 만든 만물에, 분명히 보여 알게 한다고 말씀하심으로서, 피조물 안에는 모든 만물과 우리 인간들뿐만 아니라, 사단과 마귀와 귀신과 천사들도 포함하고 있습니다.

　　그런데 하나님은 모든 창조물 중에서도, 하나님의 자녀인 우리들을 창조하신 것은, 이사야 43장21절에 "이 백성은 내가 나를 위하여 지었나니 나의 찬송을 부르게 하려 함이니라." 말씀하심처럼, 하나님의 자녀들로 그들이 열매 맺은 대로 영광을 입혀주셨을 때, 그 입혀주신 영광대로 하나님을 하늘에서, 영원히 찬송하는 삶을 살게 하기위하여 우리를 창조하신 것입니다.

　　그리고 하늘에서 무궁한 영광을 입혀주셨을 때, 자신들이 받은 영광으로 인하여 교만하여 범죄하게 되면, 그 모든 영광을 잃는 심판을 받게 되는데, 이를 깨닫게 하기 위하여 하나님이 가장 아름답고, 영화롭게 지음 받은 천사장(아침의 계명

우리는 믿음으로 어떻게 구원에 이르고 의로운 자가 되는가?

성, 눅10:8)을, 그 표본으로 만들어 사단이 되게 하셨습니다.
따라서 우리는 천사장의 타락을 못 막을, 무능하고 나약한 하
나님이 아니심을 깨달아야합니다.

창세기 3장6절에 의하면 마귀를 통해 에덴동산에서, 뱀으로
역사하게 하여 아담으로 선악과를 따먹게 놔둠으로서, 잠시
동안 지옥의 심판 아래 두었던 것으로, 로마서 5장17절에 아
담 한 사람의 범죄로 인하여, 하늘에서 모든 하나님의 아들들
의 영들이, 함께 지옥의 심판을 받게 되었음을 말씀하고 있는
것입니다.

또 히브리서 2장7절에 말씀을 볼 때, 마귀가 지옥으로 끌고
가니까 예수님으로 구원하신 것이 아니라(이는 이원론임), 하
나님의 자녀들을 지옥갈수 없는 영원한 구원을 이루시기 위
해, 예수님의 구원을 두셨고 천사장을 버려 사단이 되게 하셨
으며, 잠시 동안 지옥의 심판도 주셨음을 깨닫게 하고 있습니
다. 따라서 하나님께서는 미리 그 아들의 구원으로 인하여,
하나님의 사랑을 나타내시고 하나님의 자녀들로, 하나님을 찬
송케 하시려는 구원섭리 안에 이일들을 다 이루신 것입니다.

3) 원죄와 성령의 역사

하나님께서 하나님의 자녀들인 우리들에게 원죄를 두셨는데, 원죄는 하나님의 자녀들을 지옥의 심판에서 그 아들(예수)로 구원하셨으나, 육체의 원죄만은 그대로 남겨두셨습니다.

왜냐하면 그 원죄로 인하여 그 누구도 자신의 의(義)의 열매를 맺지 못하게 하여, 자신의 의를 자랑할 자가 아무도 없게 하기위하여 원죄를 두신 것입니다. 오직 성령의 역사로만 열매 맺게 하기 위함으로, 로마서 8장2~6절에 "그리스도 예수 안에 있는 생명의 성령의 법이 죄와 사망의 법에서 너를 해방하였음이라. 율법이 육신으로 말미암아 연약하여 할 수 없는 그것을 하나님은 하시나니 곧 죄를 인하여 자기 아들을 죄 있는 육신의 모양으로 보내어 육신의 죄를 정하사, 육신을 좇지 않고 그 영을 좇아 행하는 우리에게 율법의 요구를 이루어지게 하려 하심이니라. 육신을 좇는 자는 육신의 일을 영을 좇는 자는 영의 일을 생각하나니, 육신의 생각은 사망이요. 영의 생각은 생명과 평안이라." 말씀하시고 있듯이, 우리에게 영의 일을 깨닫게 하시고 성령을 부어주셔서, 영광된 열매 맺게 하시는 하나님을, 영원히 찬송케 하게 하기위하여 원죄도 두신 것입니다.

즉 마가복음 8장22~25절의 말씀을 통하여 깨달아 보면, "벳세다인"이란 마태복음 11장20~21절에 예수님께서 권능을 가장 많이 베푸신 곳으로서, 회개하고 믿지 않고 오히려 불신과 불만을 가지고 있으므로, 화있을진저 "벳세다"야, 라고 말씀하고 있는 곳으로, 벳새다의 소경이란 권능을 행하시는 예수님만 보고, 만물을 통해 구원을 이루시는 주님의 섭리를 못 깨달은 자를 말합니다.

마가복음 8장23절인 "소경의 손을 붙드시고 마을 밖으로 데리고 나가심"은, 그의 손에 아무 짐이 없게 하고, 오직 예수님의 인도하심만 받게 하신 것을 나타내는 것이요. "눈에 침을 뱉으시며 안수하심"에, 침은 진리의 말씀을 주시는 것이며, 안수는 성령의 능력역사의 효력을 나타낸 것입니다.

마가복음 8장24절에 "무엇이 보이느냐? 사람들이 보이나이다." 한, 사람이란 아들의 영에다 육신을 입혀, 이 땅에 보냄 받은 자가 사람이며(하나님의 자녀), "나무 같은 것들이 보이나이다."하심은, 나무와 같은 생명의 사람이 생수를 받아, 하나님께 들려져서 걷게 하시는 진리로 깨닫게 된 것을 뜻하는 것입니다. 그러므로 죽은 자는 그대로 나무로 있고, 산 자는 사람으로 걸어 다니는 것입니다. 따라서 산 자와 죽은 자가 구별되어 보이게 하시는 것입니다.

마가복음 8장25절에 "그 눈에 다시 안수 하니 만물을 밝히 보는지라" 하심은, 천사장을 사단되게 하신 일원론적 구원섭리를 깨닫게 됨으로서, 만물이 주님의 뜻대로 구원 역사에 쓰여지는, 진리를 알게 되었음을 말하는 것이요. "집으로 보내시며 마을로 들어가지 말라."한 것은, 이제는 세상으로 가서 다시 영적 소경이 되지 말라는 것이며, 오직 하나님 보좌 우편의 집으로 가도록, 생명 길로만 가라고 하신 것입니다. 그러므로 우리들도 유일하신 대 주재 되시는, 삼위일체 하나님으로부터 이루시는, 일원론적 구원역사를 깨닫고 영원히 지옥 갈 수 없는 구원과, 오직 성령으로 열매 맺도록까지 두신 구속의 사랑을 깨달으며, 이제는 하나님의 은혜에 감사함으로 찬송을 드려, 열매 맺는 의의 삶을 사는 저와 여러분들이 되어야함을 깨닫기를 바라는 바입니다.

4 믿음의 의란 무엇인가?

　믿음의 의의란 히브리서 11장4절에 "믿음으로 아벨은 가인보다 더 나은 제사를 하나님께 드림으로서 의로운 자라 하시는 증거를 얻었으니 하나님이 그 예물에 대하여 증언하심이라. 그가 죽었으나 그 믿음으로서 지금도 말하느니라."함과, 5절에 "믿음으로 에녹은 죽음을 보이지 않고 옮겨졌으니 하나님이 그를 옮기심으로 다시 보이지 아니하셨느니라. 그는 옮겨지기 전에 하나님을 기쁘시게 하는 자라 하는 증거를 받았느니라."함과, 7절에 노아가 믿음으로 의로운 자가 되었음을 말씀하고 있고, 또 로마서 10장4절에서는 "그리스도는 모든 믿는 자에게 의를 이루기 위하여 율법의 마침이 되시니라." 말씀하심으로서, 믿음으로 의인이 되는 길은 그리스도로 이루신, 의를 힘입음으로 이룸을 말씀하고 있습니다.

　즉 믿음이란 우리들 자신이 구주이신 그리스도 예수를 믿어서, 구원을 받는다고 하는 믿음이 아니라, 하나님께서 우리를 사랑하사 은혜를 베푸셔서, 에베소서 2장8절에 "너희가 그 은혜를 인하여 믿음으로 말미암아 구원을 얻었나니 이것이 너희에게서 난 것이 아니요 하나님의 선물이라." 하시는 것으로, 우리의 믿음도 하나님께로부터 난 사랑의 은혜임을 말씀하시는 것입니다.

　왜냐하면 예수 그리스도께서 의의 법인 율법을 온전히 완성하셨기 때문입니다. 사람의 행위로는 율법의 요구를 완전히 이룰 수 없음으로, 예수님께서 이 땅에 오셔서 십자가에 돌아가심으로서, 율법의 의인 하나님의 깊고 높은 사랑을 나타내시어, 하나님의 자녀들을 구원하여 놓으시고, 그 예수님을 통하여 우리를 불러, 너희를 구원하여 놓았음을 알게 하시어 믿게 하시는, 그 은혜의 사랑을 감사하는 마음의 믿음 위에 서

우리는 믿음으로 어떻게 구원에 이르고 의로운 자가 되는가?

있을 때, 율법의 의가 입혀지고 의로운 자같이 의롭게 하시는 것입니다.

그러나 내가 믿음으로 구원을 받았다고 자신의 의를 나타내는 자들에게는, 예수님의 의가 입혀지지 않는 것입니다. 왜냐하면 자신이 구원의 주체가 되기 때문인데, 즉 자신이 믿지 아니하면 지옥 가는 것으로 믿기 때문입니다. 구원은 하나님께서 은혜로 베푸신 사랑의 선물인데, 우리 인간들이 스스로 구원을 선택할 수 있음을 나타내기 때문입니다. 오늘 우리들도 이 믿음의 의를 잘 구별할 수 있어야 하는 것입니다.

요한복음 6장28~29절에 "저희가 묻되 우리가 어떻게 하여야 하나님의 일을 하오리까. 예수께서 대답하여 가라사대 하나님이 보내신 자를 믿는 것이 하나님의 일이니라." 하셨고, 야고보서 2장26절에 "영혼 없는 몸이 죽은 것같이 행함이 없는 믿음은 죽은 것이니라." 말씀하고 있는데, 믿음이 있다는 것은 예수 그리스도께서, 우리를 사랑으로 구원하여 놓으시고, 우리를 불러 그의 구원을 믿게 하시어, 예수님을 구주로 믿는 것을 말하는 것입니다.

그리고 행함의 믿음은 내 속에 예수님을 믿는 믿음으로, 하나님의 뜻을 이루는 역사가 없음을 뜻하는 것이요. 또한 신실하신 하나님이 말씀으로 이루시는, 하나님의 역사가 이루어짐을 믿고, 그 말씀대로 행하는 주체가 주님인데, 그 역사에 쓰여지지 못하는 믿음이 행함이 없는 믿음이라는 말씀인 것입니다. 그러므로 행함이 없는 믿음은 자기의 열심이 주체가 되어, 예배나 기도나 찬송을 하는 것을 말하는 것으로, 즉 자기 자신의 뜻인 이 세상에서 행복한 삶을 이루기 위하여, 경배하고 기도하고 찬송하는 것을 의미하는 것입니다.

그러나 여러분들과 내가 예수님 안에 거하고, 주님이 우리 안에 거하면, 주님이 우리들을 위하여 주무시지도 않고, 졸지도 아니하시는 그분과 하나 되어, 그 주님으로 말미암아 늘 기도가 되어지는 것인데, 즉 다른 말로 표현하면 성령이 우리 안에 거하면, 늘 성령 안에서 성령의 이끌림 받아, 하나님께 합당한 기도가 있게 되는 것입니다. 따라서 내 것이 없고 모두 주님의 것으로, 주님 앞에 드려지는 믿음이 있게 되는 것입니다.

예배나 기도나 찬양들이 형식적으로 자기가 드리는 것이 아니라, 주님 안에서 주님의 뜻대로 늘 주님의 말씀이, 나를 새롭게 이끌어 가시며 자기 몸이, 번제 제물의 신앙으로 살아가는 삶이 되어, 주님 안에 사는 자가 되고, 하나님의 임재 안에 살고 있는 경배의 삶을 사는 것이 되는 것입니다.

로마서 12장1절에 "너의 몸을 하나님이 기뻐하시는 거룩한 산제사로 드리라. 이는 너희의 드릴 영적 예배니라." 하셨는데, 이는 주일 성수를 하느냐, 또는 수요 찬양 예배를 시간에 맞추어, 드리느냐 안드리느냐에 따라 믿음이 있느냐, 없느냐 하는 문제가 아닙니다. 즉 우리의 눈으로 보는 것을 따지는 것은, 행함이 없는 믿음이라 하는 것이고, 행함이 있는 믿음은 자기 자신이 스스로 그리스도 안에서, 제물이 되어져 함께 죽고 함께 산자가 되어졌는가? 또 주님이 자신을 통하여 말씀하시고, 주님의 뜻을 이루시고 그 안에서 영적생활이 되어지는 모든 것이, 행함이 있는 믿음이요. 경배요 찬양이 되는 것입니다.

오늘날도 주님 안에서 이스라엘 백성 된 우리가 하나님을 섬기고, 하나님 앞에 나아와 열심히 믿는 것처럼 경배하고, 찬양하며 신앙생활을 한다고 하지만, 하나님의 의인이신 예수 그리스도를 보지 못하면, 로마서 10장2~3절에 "내가 증언하노니 그들이 하나님께 열심은 있으나 올바른 지식을 따른 것이 아니라 하나님의 의를 모르고 자기의 의를 세우려고 힘써 하나님의 의에 복종하지 아니하였느니라." 말씀하심과 같이, 자기 자신의 의를 먼저 내세워서, 하나님의 의를 따르지 않음으로서 구원에 이르지 못함도, 깨달아 보아야하는 것입니다. 그렇다고 꼭 지옥 간다는 의미는 아닌 것입니다. 하늘나라의 열매 맺은 상급과 영광들을, 불태우는 멸망 길로 간다는 것입니다. 그러므로 믿음의 의의 길과 멸망의 길이 믿음이냐? 행위로 서냐? 하나님의 의로서냐? 자기 자신의 믿음의 의로냐? 구별할 줄 알아야 하는 것입니다.

제2장 믿음이냐 행함이냐?

5 의의 길과 악인 길

예수님께서는 우리를 하나님의 영광을 위하여, 의의 길로 인도하신다고 말씀하시고 있습니다. 즉 의의 길은 영원한 생명의 길로서, 의는 하나님이 의이시며 예수님께는 그분의 의가 되십니다. 창세기 2장17절에 "하나님께서 아담에게 선악을 알게 하는 나무의 실과는 먹지 말라. 네가 먹는 날에는 정녕 죽으리라." 하시고 계명을 주셨습니다.

그런데 창세기 3장4절에 뱀은 여자에게 이르기를 "너희가 결코 죽지 아니하리라." 하였습니다. 아담과 하와는 뱀의 말에 따라 선악을 알게 하는, 나무의 실과를 따먹고 정녕 죽으리라는 말씀대로, 지옥의 심판 아래 떨어졌습니다. 사람의 대표였던 아담이 지옥의 심판 아래 떨어짐으로서, 하늘 위에서 아들의 영으로 있던 우리들도, 모두 지옥의 심판 아래 떨어지도록, 하나님의 허락하심 속에 사단인 마귀를 통하여 역사하신 것입니다.

우리들이 얼핏 보기에는 하나님의 생명으로 낳은 아들들이, 마귀의 꼬임에 빠져 지옥의 심판 아래 놓임으로서 사단이 승리한 것 같지만, 이 역사 속에는 하나님의 깊고 높은 구원섭리가 숨겨져 있는 것입니다. 왜냐하면 하나님께서는 우리들을 한 번 지옥심판의 아래 있게 하여, 영원히 지옥갈 수 없는 완전한 영의 구원을 이루시기 위하여, 이미 예비하여 준비하시고 이루신 역사이기 때문인 것입니다.

창세기 3장8~9절에 여호와 하나님이 "아담아 네가 어디 있느냐?"하고, 아담의 이름을 부르시며 찾아오셨는데, 하나님이 아담을 찾아오신 것은, 하늘의 영의 세계에서 지옥의 심판 아래 떨어진, 아담을 하늘의 제사장인 멜기세덱으로, 영원히 지옥갈 수 없는 구원을 이루어 놓으시고, 찾아오신 것을 뜻하는 것입니다. 즉 영이 죽은 아담과 그의 아내가 여호와 하나님의 음성을, 들을 수 있다는 것은 그들이 산 영이 되었기 때문으로, 창세기 3장20절에 아담이 자기 아내 이름을 하와라 부르니, 이는 그녀가 산 자의 어미가 됨이라, 말씀하시고 있음에서 보여주고 있기 때문입니다. 산 자라 함은 영이 산 자를 의미하기 때문입니다.

즉 창세기 3장21절에 "여호와 하나님이 아담과 그 아내를 위하여 가죽옷을 지어 입히시니라." 말씀하심에서 보여주시고 있는데, 하늘의 영의 세계에서 제사장인 멜기세덱이, 보이지 않는 제단에서 속죄 제물로 제사를 드림으로서, 그 구원의 징표로 여호와 하나님께서 아담과 하와에게, 가죽옷을 지어 입히셨다는 말씀입니다. 그리고 4000년 후에 예수님이 이 땅에 오셔서, 눈에 보이는 참 대제사장과 속죄제물로서, 멜기세덱의 반차를 좇아오신 것입니다.

왜냐하면 우리들이 이 땅에 육신을 입혀 보냄 받기 전에, 하늘 위에서 하나님의 아들들의 영으로 있을 때, 영원히 지옥 갈 수 없는 구원을 이루신 것과, 또 이 땅에 와서 육신의 소욕대로 죄를 지으며 살았던, 모든 것들을 예수님께서 십자가에서 흘리신 피로, 죄사함 받게 하시고 또 예수님께서 이루신 구원의 역사를 믿은 후, 짓는 죄까지도 그의 피로 사해주시는, 하나님의 깊고 높은 은혜의 사랑을 나타내어, 어떠한 조건도 없이 구원하여 주신, 하나님의 의를 나타내어 예수님께서 화목제물이 되신 것입니다. 그러므로 하나님은 의로운 분으로 창세기 15장7~18절에, 아브라함이 하나님과 언약을 세울 때에 아브라함은 잠들어 있었으나, 하나님은 쪼갠 고기 사이로 횃불을 들고 지나가심으로, 일방적 은혜로 언약을 성사시키고 언약을 세우셨으니, 바로 모든 것을 은혜로 우리에게 주시고 베푸신, 하나님의 사랑의 은혜가 하나님의 의로 나타내신 것입니다.

따라서 이러한 하나님의 의와 예수님의 사랑의 의를 알지 못하고, 깨닫지 못한 우리들을 계속 찾고 찾아서, 불러 모아 그 예수님의 사랑의 구원을, 믿게 하시는 역사를 이루시는 것입니다. 우리의 죄악 된 불법과 행위들에 관계없이, 하나님이 미리 준비하셔서 이루어 놓으시고, 또 믿는 것도 내가 예수를 믿어 구원 받는 것이 아니라, 누가복음 15장4절에 잃어버린 양 한 마리를 찾듯, 죽어라 믿지 않는 우리들에게 끝까지 찾아 불러 믿게 하시는 것입니다. 그러므로 우리가 하나님의 은혜로 예수님의 구원을 믿게 되는 것입니다.

그리고 우리가 믿은 후에도 약속의 성령을 부어주셔서, 하나님의 은혜와 복된 역사를 깨닫게 하시어, 우리를 통하여 거룩한 뜻을 이루시고, 하늘의 영광을 보여 주신대로 예비하게 하는 삶을, 하나님을 바라보며 이루게 하시는 것입니다. 성령을 받은 사람들은 성령으로 이끌림 받게 하여, 성령으로 열매 맺는 삶을 살게 하시어, 열매 맺는 삶에 필요한 은사도 주시고, 은혜와 복을 부족함이 없도록 넘치게 부어주십니다. 그러면 우리는 그 안에서 성령으로 이루어주시는 것을 깨닫고, 그 은혜와 사랑하심이 복됨을 깨닫고 기뻐하며, 감사하는 찬송으로 경배하고 찬양하는 삶으로 변화되는데, 바로 이와 같이 하나님의 은혜와 사랑을 깨닫고, 감사함으로 기뻐하는 찬송과 경배를 드리는 삶이 의의 길인 것입니다.

악인의 길은 의의 길과 반대로 가는 길이, 악인의 길이요 멸망의 길로 악의 길은 창세기 3장4절에, 뱀이 여자에게 한 말을 따라 선악을 알게 하는 나무의 실과를 따먹고, “너희는 결코 죽지 아니하리라.” 한, 유혹의 길을 따르는 것이 악인의 길이요. 멸망의 길이며 옛 뱀의 역사이고, 오늘날의 악의 역사는 새 뱀의 역사인 것입니다.

우리는 믿음으로 어떻게 구원에 이르고 의로운 자가 되는가?

　요한계시록 12장9절에 "큰 용이 내어 쫓기니 옛 뱀 곧 마귀라고도 하고 사단이라고도 하는 온 천하를 꾀는 자라. 땅으로 내어 쫓기니 그의 사자들도 저와 함께 내어 쫓기니라." 말씀하고 있고, 마태복음 23장33절에서는 예수님께서 서기관들과 바리새인들에게 "뱀들아 독사의 새끼들아 너희가 어떻게 지옥의 판결을 피하겠느냐?" 말씀하셨는데, 왜 예수님께서 "뱀들아 독사의 새끼들아"라고 말씀하셨을까요? 그 이유는 하나님께서는 하늘에서 멜기세덱으로, 영원한 구원을 이루어 놓으시고, 그 예수님의 구원을 믿게 하여 구원 받은 은혜 안에서, 하늘나라에서 영원히 누릴 삶을 예비하게 하는 것으로, 오늘날 가르쳐서 상급 받고 영광에 이르게 하고, 영광을 누리도록 양육하여야 하는데, 그것을 가르쳐 믿게 하지 않고, 믿음생활을 잘하면 천당 가고, 그렇지 아니하면 지옥간가고 꾀이기 때문입니다.

　다시 말하면 영원히 지옥갈 수 없는, 구원을 이루어 놓으신 것을 가리우고, 신앙생활의 모습을 통하여 지옥갈 수도 있고, 천국에 들어갈 수도 있다고 속이는 자들이, 서기관들과 바리새인들임으로 독사요. 새 뱀임으로 그렇게 말씀하시고 있는 것입니다. 왜냐하면 서기관들과 바리새인들은 하늘나라에서 복을 받아 누리는 것이, 자기들의 충성과 힘으로 노력하여 하나님을 열심히, 섬기면 된다고 하는 자들이기 때문입니다. 오늘날 우리는 행위의 주체가 우리 자신이 되어서는 안되는 것입니다. 행함이 있는 믿음이 되어야 하는 것입니다. 성령으로 하늘나라를 보게 하셔서 그 영광으로 기뻐하며, 그 영광을 준비하게 하는 하나님의 역사에 쓰임 받게 하셔서, 이루어주시니 그 은혜에 감사함으로 찬송하니, 하늘의 소망이 넘치게 되어지는 것입니다.

　그런데 악인은 하늘의 영광보다 세상의 영광을 보게 하여,

하늘의 영광은 검은 먹장구름과 같이 어두움으로 가리워서 보이지 않게 합니다. 바로 세상의 영광과 세상의 부귀영화로 이끄는 자들은 사단이요. 마귀이며 악인의 길로 인도하는 자들인 것입니다. 물론 하늘의 열매 맺는 영광의 길은, 영혼에게는 큰 기쁨의 길이지만, 육신적으로나 세상적으로는 즐겁고 평안한 길이 아닙니다. 좁은 길이요 협착하여 찾는 이가 적은 길이라, 성경에서는 말하고 있는 길입니다.

우리의 이 세상의 사람은 하늘나라의 영원한 생명의 상급과, 영광을 준비하도록 잠깐 동안 채색옷과 같은 아름다운 육신을 입혀주셔서, 하나님 아버지께서 보낸 곳입니다. 이 땅에서 영원토록 잘살게 하려는 것이 아니라, 하늘에서 영원토록 영광을 입어, 그 영광에 감사함으로 하나님을 영원토록, 찬송하며 살게 하도록 하기위하여, 이 땅에 잠시 보냄 받은 것입니다. 그러므로 자신이 누구로 말미암아 살아가고 있는가? 그리고 믿음의 의로서냐? 행함의 의로서냐가 분별되어지고, 하늘의 영광을 위한 복된 기쁨의 삶으로 인도받고 있는가. 아니면 세상의 소망의 기쁨으로 사는 멸망의 길로 가고 있는, 삶인가를 잘 분별하여야 하는 것입니다.

바리새인들과 서기관들도 열심은 있었으나, 하나님에 대한 지식이 없고 하나님의 의를 깨닫지 못함으로서, 자신들의 세상적 지식으로 행함으로서 악의 길을 걷게 된 것입니다. 기도도 또한 마찬가지입니다. 우리의 원하는 바를 구하는 것이 아니라, 하나님의 뜻에 합당한 것인 하나님의 의를 구하고, 그의 나라를 구하여 하나님의 뜻이 이루지기를 기도하여야 하는 것입니다.

6 야곱이 이스라엘이 되기까지

야곱은 이삭과 리브가 사이에서 에서의 동생으로 태어난 사람입니다. 그런데 장자 에서는 들사람으로 사냥을 좋아하였고, 어느 날 사냥에서 돌아온 에서는 장자의 명분을 경홀히 여겨, 육신의 허기로 인하여 붉은 죽 한 그릇에, 장자의 권리를 야곱에게 팔아버렸습니다. 오늘 우리들도 육신의 양식을 위하여, 무엇을 먹을까 입을까 마실까를 위하여, 예수님을 따르고 하나님을 믿는 것은, 영적 장자 되게 하는 복음의 진리를, 팔아버린 에서와 같이 멸망 길로 가는 것입니다.

말라기서 1장2~3절에 "내가 야곱을 사랑하였고 에서는 미워하였으며 그의 산들을 황무케 하였고 그의 산업을 광야의 시랑에 붙였느니라." 말씀하시고 있는데, 왜 에서를 미워하였을까요? 에서는 하늘의 것보다 이 세상의 것을 누리는 것을 더 좋아하여, 이 세상에서 자기의 자랑이 되고, 영광이 되며 높아지는 것을 기뻐하였기 때문입니다.

즉 붉은 죽 한 그릇에 장자의 명분을 팔았다는 것의, 붉은 색은 적그리스도를 나타내는 색으로, 사단과 마귀를 붉은 짐승, 또는 붉은 용으로 표현하고 있기 때문이며, 붉은 색은 이 세상의 것으로 야고보서 4장4절에 "간음하는 자들이여 세상과 벗된 것이 하나님의 원수임을 알지 못하느뇨. 그런즉 누구든지 세상과 벗이 되고자 하는 자는 스스로 하나님과 원수 되게 하는 것이라." 말씀하고 있음으로, 마귀에 속한 땅에 것을 보게 하는 악의 상징이요. 멸망을 뜻하기 때문입니다.

또한 죽은 연약한 어린아이나 환자들이 먹는 음식입니다. 아직 자라지 못하여 단단한 음식을 먹고, 소화를 시킬 수 없으므로 죽을 먹는 것인데, 처음에는 신령한 말씀의 죽을 먹지만, 신앙이 자라나면서 밥을 먹고 단단한 음식물을 먹듯이,

믿음이 자라나면 하나님의 의의 말씀을 깨닫고 경험하게 되어
지는 것으로, 야곱은 종용한 사람인고로 장막에 거하였습니다.
　에서는 사냥꾼인고로 사냥을 하기위하여 들사람이 되었음으
로, 남자다운 멋진 몸매와 튼튼한 육체를 가진 사나이다운 사
람이었습니다. 그러나 야곱은 인간의 눈으로는 장막에 거한
사람임으로 조용하고 평범한 사람이었습니다. 하지만 성경적
으로는 야곱이 장막에 거하였다는 장막은, 오늘의 교회를 나
타내는 뜻이요. 어머니 리브가와 함께 하였다는 것은, 리브가
또한 산 자의 어미로, 즉 야곱이 성전을 떠나지 않고 주님의
품 안에 사는, 믿음의 아들임을 보여주고 있는 것입니다.
　창세기 9장20~23절에 노아가 포도주를 마시고, 취하여 장
막 안에서 벌거벗었다고 하였는데, 본문에서 장막 또한 성전
이며 진리의 안을 나타내며, 노아가 취하여 벌거벗었다는 것
은, 성전 안에서 하나님의 뜻에 합당하지 않게 그의 처소를
떠나고, 그 지위를 떠나는 등 진리에 어긋나는 행위를 하였을
때, 하체를 드러낸 것과 같은 것임을 깨닫게 하시는 말씀인
것입니다.
　오늘날도 보면 교역자들이 세상의 일에 관여하여 데모를 하
거나, 정치에 관여하는 등 자신의 할 일인, 생명을 살리는 하
나님의 선한 일을 버리고, 또 생명의 말씀인 진리를 잘못전할
때도, 장막 안에서 벌거벗은 자가 되는 것입니다. 그러므로
야곱이 어머니 리브가와 함께 장막 안에 거하였다는 것은, 진
리 안에서 믿음으로 하늘나라의 영광만을 바라보며 살았다는
것입니다.
　창세기 28장10~11절에 보면 야곱이 형 에서를 피하여, 외
삼촌인 라반에게로 갈 때에 벧엘에서, 돌베개를 베고 누워서
잠들었을 때 꿈에 하늘나라를 보았습니다. 즉 이때에 야곱이
벤 돌이 산돌로서 예수님을 뜻하는 것으로, 야곱이 하나님 안

우리는 믿음으로 어떻게 구원에 이르고 의로운 자가 되는가?

에서 외롭고 쓸쓸한 고통 중에 있을 때, 야곱이 하나님만을 의지함으로서 사닥다리가 땅위에 섰는데, 그 꼭대기가 하늘에 닿았고 천사들이 오르락내리락 하는, 하늘나라를 볼 수 있었던 것입니다.

창세기 28장35절에 "내가 너와 함께 있어 네가 어디로 가든지 너를 지키며 너를 이끌어 이 땅으로 돌아오게 할찌라. 내가 네게 허락한 것을 다 이루기까지 너를 떠나지 아니하리라."하고, 하나님께서 야곱에게 말씀하셨는데, 야곱은 아침에 일어나 그 돌에 기름을 붓고, 그곳 이름을 벧엘이라 이름하였습니다. 야곱은 이때에 하나님께서 보여주신 하늘나라의 영광을 보고, 자기의 모든 것을 하늘나라에 소망을 두고, 생활하게 된 것이 야곱의 삶으로, 창세기 30장37~39절에 의하면 야곱이 양떼를 칠 때에, 얼룩얼룩한 것과 점이 있고 아롱진 것을 낳게 하기 위하여, 물을 먹이는 곳에 버드나무와 살구나무와, 선풍나무의 푸른 가지를 취하여 넣는 등 많은 애를 썼습니다. 그러나 야곱이 애쓰고 노력하여 얼룩얼룩하고 점이 있어, 아롱진 양을 많이 낳은 것이 아닙니다. 하나님께서 미리 그렇게 하실 것을 보여주시고 이루신 역사인 것입니다. 그런데 야곱은 하나님이 보여주신 대로, 자기 힘으로 열심히 일하고 충성하여 된 것으로 잘못알고 있었습니다.

그런데 창세기 32장13~20절에 보면 야곱이 형 에서에게로 갈 때에, 형 에서에게 줄 선물을 제일 앞에 두고, 그 다음에 종과 그의 자식을 두어서, 에서가 보복을 하면 자신의 두 다리를 믿고, 도망가기 위하여 맨 뒤에 갔음을 기록하고 있습니다.

그리고 창세기 32장24~28절에 하나님께서 그의 사자를 보내어, 야곱의 환도뼈를 치셔서 위골 되게 하시고, 이스라엘이라는 이름을 야곱에게 주셨습니다. 사람에게 있어서 환도뼈가 부러지면, 다리로서 자신의 몸을 움직일 수가 없습니다. 즉 자신의 의지로서는 그 어떤 것도 할 수 없고, 오직 다른 사람의 도움을 받아야 하는데, 성경적으로는 오직 하나님께만 의지하고, 그의 은혜를 바라보게 됨을 뜻하는 것으로, 자신의 재능 자신 능력의 열심으로 무엇인가를, 이룰 수 있다고 생각했던 모든 것들이 부서지고, 이제 나는 무익하고 아무 것도 아니구나, 하나님이 전부 나에게 은혜로 주신 것이구나 하고, 깨닫게 됨으로 그 하나님의 은혜에 감사함으로, 찬송하며 그 은혜로 살아가는 자가 이스라엘이 된 자인데, 야곱이 야곱에서 이스라엘이 된 것은, 야곱이 영적 장자로서 다음의 영적 장자인, 요셉에게 채색 옷을 지어 입힐 수 있었기 때문인 것입니다.

즉 야곱의 믿음의 신앙의 자리에서는 채색옷을 지어 입힐 수 없는 것입니다. 우리들도 믿음의 이스라엘의 자리에 있어야, 채색 옷을 우리에게도 입혀주신 것을 깨달을 수 있는 것입니다. 채색 옷은 알록달록한 무지개색의 옷으로, 하나님께서 우리에게 입혀주셔서 이 세상에 보내주셨는데, 우리의 몸이 채색 옷을 입은 것같이, 우리들로 하늘나라의 영원한 영광의 복된 삶을 준비하게 하는 영적 장자로서, 아름다운 성령의 열매를 맺게 할 수 있는 몸임을 깨달아, 진리의 길이며 이스라엘의 믿음의 자리인, 채색 옷을 입혀줄 수 있는 믿음의 자리에 이르러야 하는 것입니다.

에서가 야곱이 될 수 없듯이 에서는 이스라엘이 될 수 없는 것입니다. 야곱만이 이스라엘이 될 수 있었던 것은, 하늘의 영광의 삶을 보며 하늘나라에 소망을 두고 살았기 때문입니다. 에서는 처음부터 하늘나라를 바라보지 못하였습니다. 그러나 야곱도 처음에는 하늘나라를 보기는 보았는데, 자신의 열심과 노력으로 달려가려 하였습니다. 하나님께서 이러한 야곱을 계속 시험과 연단을 통하여, 온전한 이스라엘의 믿음의

우리는 믿음으로 어떻게 구원에 이르고 의로운 자가 되는가?

자리에 이르게 하셨던 것입니다. 그러므로 우리들도 하나님의 말씀을 맡아, 성령으로 하나님의 아들이 되게 역사하는 화평케 하는 자리인, 교인이 아닌 그리스도인이 되는 역사를 이루어야 하는 것입니다.

7 진리의 영으로 생명 길로 인도

하나님께서는 항상 우리를 사랑으로 온전한 다윗, 온전한 이스라엘이 되도록 의의 길로 인도하시는 역사를 계속하고 계십니다. 요한복음 14장4절에 "내가 가는 곳에 그 길을 너희가 알리라." 말씀하고 계신데, 그 길을 너희가 안다는 그 길은 "텐 호돈(τὴν ὁδόν)"으로, 주님이 가시는 길을 제자들도 안다는 말씀입니다. 요한복음 16장28절에 "내가 아버지께로 나와서 세상에 왔고 다시 세상을 떠나 아버지께로 가노라." 하신 말씀도 생명 길을 말합니다. 주님은 하늘에서 오셔서 이 땅에서, 아버지 하나님의 뜻을 이루고 가신 것이 곧 생명 길인 것입니다.

우리들을 이 땅에 보내신 것도 주님(퀴리오스, κύριος)께서 본을 보여주시고, 발자취를 좇게 하심이라고 하셨습니다. 그러므로 마태복음 7장8절에 "구하라 그러면 너희에게 주실 것이요. 찾으라 그러면 찾을 것이요. 문을 두드리라 그러면 너희에게 열릴 것이니라." 하셨는데, 그럼 구하라는 것은 무엇을 구하라는 말씀일까요? 바로 성령(프뉴마, πνεύμα)을 구하라는 것입니다. 성령이 임하게 되면 성령의 인도함을 받아 생명 길을 가게 되는 것입니다. 그런데 생명 길은 어려움이 많이 있습니다. 환란도 있고 핍박도 있고 욕도 먹게 되며 비방도 받습니다. 그러나 끝까지 그 생명 길을 찾으라는 말씀입니다.

두드리라는 것은 하늘 문을 두드리라는 것입니다. 창세기 28장에 야곱에게 열린 하늘 문이 있습니다. 고난과 핍박 중에도 생명 길을 가는 믿음의 생활을 하며 나아갈 때, 두드리면 하늘 문이 열려서 하늘나라의 영광이 보이게 됨을 말씀하고 있습니다.

　다시 말하면 모든 환난을 당하는 것이, 하나님이 나에게 영원히 누릴 상급과, 기업을 덧입혀주시기 위한 것을 깨닫게 되는 것이, 하늘 문이 열려 하늘의 영광의 세계를 보는 것입니다. 그러면 기쁨이 충만하여 어떤 능욕이나 박해를 당해도, 능히 이길 수 있게 하신다는 것입니다. 그러므로 두드려라 그리하면 열릴 것이니라. 말씀하고 계신 것입니다.

　진리는 하나님께서 주시는 생명의 말씀이며, 영은 성령을 말하는 것으로, 즉 진리의 영으로 인도 받는다는 것은, 하나님께서 주신 진리의 말씀을 하나님의 뜻으로 깨달아, 영원한 생명 길로 나아가 하늘나라의 영광을 입는, 믿음의 길로 나아가는 것입니다. 요한복음 15장5절에 "도마가 가로되 주여 어디로 가시는지 우리가 알지 못하거늘 그 길을 어찌 알겠삽나이까." 말하고 있는데, 도마(Θωμᾶς)가 예수님께 어디로 가는지 모른다는 것은, 하늘나라에 가는 것을 모른다는 것이 아닙니다. 하늘나라에 간다는 것을 몰라서야 어떻게 하겠습니까?

　물론 마이어(Meyer)는 도마의 회의적 질문은, 유대인의 그릇된 메시아 왕국관과 예수님의 교훈에 대한, 조화점을 찾지 못한데서 비롯되었다고 하였고, 반즈(A. Barnes)는 예수님께서 자신의 죽음과 부활에 대하여, 그토록 자주 말씀하셨음에도 불구하고, 부활하시기까지 그들은 주님의 말씀을 이해하지 못했다고 보았으나, 도마가 모른다는 것은 영광의 보좌 우편이 어디인지 그것을 모른다는 것입니다.

　즉 음부와 낙원을 모른다는 말씀입니다. 그러므로 어디로 가는지 모르니까 길도 볼 수 없는 것입니다. 다시 말하면 생명 길이 어디인지, 멸망의 길이 어디인지 모르겠다는 것입니다. 따라서 하나님께로부터 보냄 받은 것을 보는 자는, 구원

제2장 믿음이냐 행함이냐?

하여 주신 주 예수님을 믿고, 성령으로 이루시는 빛 가운데서 찬송하게 되지만, 세상에서 나서 구원받기 위하여 믿는 자들은. 성령을 주시지 아니함으로 어두움 가운데서 빛을 대적하게 되는 것입니다.

따라서 요한복음 14장6절에 예수님께서 "내가 곧 길이요 진리요 생명이니,"라 말씀하시는 것으로, 즉 예수님 안에서 하나 된 자는 예수님이 길이요 진리요, 생명이심으로 하나님 앞으로 인도받게 되는 것입니다. 성령인 진리의 영으로 하나님이 주시는 말씀을, 하나님의 뜻으로 깨달아 하나님의 보좌 우편의, 영광을 밝히 보게 하여 그곳으로 인도하여 살게 하심으로, 요한복음 14장18절에 "내가 너희를 고아와 같이 내버려두지 아니하고 너희에게 오리라." 하셨고, 또 에베소서 1장13절에 그 안에서 너희도 진리의 말씀과, 곧 너희의 구원의 복음을 듣고 그 안에서, 또한 믿어 약속의 성령으로 인치심을 받았으니, 진리 안에서 이루는 모든 열매가, 영원한 영광이 되게 하실 것을 약속하셨습니다. 그러므로 그 약속대로 믿음의 자녀들에게 이루시는 모든 역사가 영생이요. 우리를 고아로 내버려두지 아니하고 우리에게 오신다는 말씀입니다.

요한복음 15장19~20절에서는 "너희가 세상에 속하였으면 세상이 자기의 것을 사랑할 터이나 너희는 세상에 속한 자가 아니요. 도리어 세상에서 나의 택함을 입은 자인고로 세상이 너희를 미워하느니라. 내가 너희 더러 종이 주인보다 더 크지 못하다고 한 말을 기억하라. 사람들이 나를 핍박하였은즉 너희도 핍박할 것이요. 내 말을 지켰은즉 너희 말도 지킬터이라." 말씀하심으로서, 예수를 믿으나 세상에 속한 자는 진리로 사는 자를 핍박하고 미워한다고 하였습니다.

　그러나 마태복음 5장10절에 의를 위하여 핍박받는 자는 복되다고 하고 있습니다. 비록 세상에서는 의로 인하여 핍박받고, 고통받는 삶이 저주로 보일지 모르지만, 예수님이 인도하는 생명 길은 영생의 길이요. 영광의 길인 것입니다. 그러므로 진리의 영으로 인도받는 것은, 영적으로라야 분별할 수 있고 진리로 말씀을 깨달아야 갈 수 있는 것입니다.

8 진리의 영으로 첫째부활의 영광으로까지

　진리의 영으로 인도함 받는다는 말씀은, 하나님께서 합당한 믿음의 사람들에게 주님을 통하여, 성령을 부어주셔서 하나님 보좌 우편의, 영광의 자리로까지 이끄시기 위하여, 사단을 통하여 환란으로 주시는 시험과 연단으로, 순교하게 하여 공중 혼인잔치 자리에서, 신랑 예수님을 맞이하도록 하기까지 인도하여 주심을 말씀하시는 것입니다.

　즉 사도행전 6장3절부터 7장58절에 스데반 집사를 통하여 그 역사를 보여주고 있는데, 6장3절에 "형제들아 너희 가운데서 성령과 지혜가 충만하여 칭찬 듣는 사람 일곱을 택하라. 우리가 이 일을 저희에게 맡기고,"로 시작하여, 6장5절에 "온 무리가 이 말을 기뻐하며 믿음과, 성령이 충만한 사람 스데반과 또 빌립과 브로고로와 니가노르와 디몬과 바메나와 유대교에 입교했던 안디옥 사람 니골라를 택하여,"의, 택함 받은 스데반을 통하여 6장8절에 "스데반이 은혜와 권능이 충만하여 큰 기사와 표적을 민간에 행하니," 하였고, 10절에서는 "스데반이 지혜와 성령으로 말함을 저희가 능히 당치 못하여,"라고 말하고 있습니다. 그리고 사도행전 7장55~56절에 "스데반이 성령이 충만하여 하늘을 우러러 주목하여, 하나님의 영광과 및 예수께서 하나님 우편에 서신 것을 보노라 한 대," 하심에서 잘 드러내고 있습니다.

　즉 첫 단계는 믿음의 단계로 반석과 같은 믿음의 단계를 말하는 것으로, 사도행전 6장5절에 "믿음과 성령이 충만한,"의, 자신의 신앙 속에 지옥이나 음부의 어두움이, 전혀 없는 믿음으로 충만하게 되어있는 단계입니다.

두 번째 단계는 성령 충만의 단계로, 사도행전 6장5절의 "믿음과 성령이 충만한"의, 성령 충만의 단계로 하늘의 산 소망으로 충만한 단계입니다. 즉 이 땅에서 하늘나라의 영원한 삶을 예비하여, 세상에 속한 소망은 전혀 없고, 오직 하늘의 산 소망만으로 가득 찬 삶을 사는 단계입니다.

세 번째 단계는 은혜로 충만한 단계로, 사도행전 6장8절에 "스데반이 은혜와 권능이 충만하여," 하신, 하나님이 나에게 주신 모든 것이, 은혜로 주시는 것임을 깨닫게 됨의 단계입니다. 즉 욥과 같이 어떤 재앙이나 육체의 불행도, 하나님께서 내게 복된 은혜로 주시는 것으로 깨닫고, 감사하는 신앙의 단계를 말하는 것입니다.

네 번째 단계는 사도행전 6장8절의 "스데반이 은혜와 권능이 충만한,"에서, 권능이 충만한 단계로 자신도 이기고 죄도 이기고, 세상도 이기는 믿음의 사람이 될 때의 신앙의 단계를 말하는 것입니다. 그러므로 자신을 이기는 자는 자기를 다스릴 줄 알아야 하고, 자기를 다스릴 줄 아는 사람은, 다른 사람들도 다스릴 수 있음으로, 천년왕국에서 왕이 될 수 있는 것입니다. 따라서 하나님과 자신과 이웃과 모든 사물과의 관계가, 올바르게 되어지는 복이 있게 되는 단계인 것입니다.

다섯 번째 단계는 사도행전 6장10절의 "지혜와 성령으로 말함을,"에서, "지혜"가 충만한 단계로 지혜는 고린도전서 1장24절에서, 하나님의 지혜는 예수 그리스도라 하고 있습니다. 그러므로 일반적인 지혜를 말하는 것이 아니라, 그리스도의 영으로 충만한 것을 의미합니다. 즉 성경 말씀 어느 곳을 보더라도 하나님의 지혜의 영으로 충만하여, 하나님의 뜻대로 잘 깨닫는 것을 말하는 것입니다.

여섯 번째는 성령으로 말하는 대언의 단계를 말하는데, 사도행전 6장10절의 "지혜와 성령으로 말함을"에서, 성령의 역사로 하나님의 말씀을 대언하는 단계를 말하는 것입니다. 다시 말하면 어떠한 상황이나 형편에서도, 하나님의 말씀을 성령의 역사로 대언하는 단계를 말씀하는 것입니다.

일곱 번째는 사도행전 7장55~56절의 "하나님의 영광과 예수께서 하나님의 우편에 서신 것을 보고," 하신 말씀의, 하늘 나라의 영광의 세계를 보는 단계입니다. 즉 오늘날 그 영광을 입혀주시기 위하여, 하나님께서 인도하는 것을 훤히 보는 것입니다. 따라서 영의 세계가 영적인 눈으로 확실히 보이고, 그것을 실상으로 소유하여 누리게 되는 단계로, 영광의 영으로 충만한 단계입니다. 그러므로 스데반 집사는 예수님께서 하나님 우편에 서신 것을 보고, 자신이 진리의 말씀을 전하다가 돌에 맞는 아픔보다, 하늘의 영광을 보여주시는 영광의 주님을 보고 순교를 당하였듯이, 오늘 우리들도 영광의 영으로 충만케 하여, 하늘 영광을 보여주신 대로 이끌림 받는 것이 의의 길이요. 영원한 열매 맺는 생명의 길임을 깨닫는 자들이 되어야하는 것입니다.

공중 혼인잔치 자리는 요한계시록 19장9절에 "어린양의 혼인잔치에 청함을 받은 자들이 복이 있도다."는 말씀의, 어린양의 혼인잔치를 뜻하는 것으로, 즉 혼인잔치에 청함을 받은 자들은 은혜시대인 이때에, 이미 순교의 신앙으로 올라서서 환란이 시작되면, 첫 3년 반에 모두 순교할 자들로, 신랑 예수님과 함께 천년왕국에서, 천년왕국을 다스릴 장자의 복된 신앙의 자리에 있는 자들입니다.

누가복음 22장10절에 유월절이 다 되어 양을 잡을 무교절

우리는 믿음으로 어떻게 구원에 이르고 의로운 자가 되는가?

이 이르자, 예수님께서 "물 한 동이를 이고 가는 자를 따라가라." 말씀하셨습니다. 물 한 동이를 이고 가는 자는, 곧 영광의 영으로 충만케 하는 영광의 복음과, 이 복음으로 이루시는 성령의 역사를 따라, 의의 길로 인도하는 종을 말하는 것으로, 물 한 동이를 이고 가는 종을 따라가면, 큰 다락방으로 인도 받아 유월절 양을 먹게 하시는 것입니다.

큰 다락방은 순교의 유월절 양을 먹는 자가 인도받는 곳으로, 순교의 유월절 양을 먹는 자가 될 때는, 가룟 유다와 같은 자를 세워서 예수님께 하셨던 것처럼, 순교 할 수 있도록 잡아서 끌고 가게 하시는 것입니다. 그리고 순교의 길로 인도받을 때, 누구도 원망하지 않고 친구로 대하게 하시는데, 마태복음 5장41절에 "너를 억지로 오리를 가게 하거든 그 사람과 동행하고," 하신 말씀이, 이에 따르는 말씀으로 오리를 가게 하는 것은, 예수님께서 진리를 증거하다가 서기관들과 장로들에 의하여, 빌라도의 법정까지 끌려간 거리를 말하는 것이요, 순교에 이르렀을 때는 예수님께서 골고다 언덕까지 가셨듯이, 우리들도 기쁨으로 동행하여 순교의 자리까지 가는 것을 말하는 것입니다.

다시 말하면 오늘날 우리들도 환란 날에, 예수 그리스도의 복음과 하나님의 말씀으로 증거하다, 악한 세력에게까지 끌려가는 곳이 오리인데, 이 때 하나님께서 감추인 만나와 흰 돌을 주셔서 십리를 동행하게 하십니다. 그리고 악한 세력들에게 핍박과 고문으로, 또는 세상의 좋은 것으로 유혹하여 넘어뜨리려고 할 때, 신랑 예수님께서 자신을 위하여 예비하신, 하늘의 영광으로 충만케 하셔서 기쁨으로, 순교의 자리인 십리까지 가게 하시는 것입니다.

　마가복음 15장44절에 예수님께서 십자가에 달리셨을 때, 빌라도가 예수께서 벌써 죽었을까 하고, 이상히 여겨 백부장을 불러 죽은지 오래냐 물었는데, 예수님께서는 옆의 두 강도들보다 먼저 죽은 것을 통하여, 우리들도 순교할 때에 죽음의 시간과, 고통을 단축시켜 주실 것도 보여주시고 있는 것입니다. 그러므로 오늘 우리들도 성령인 진리의 영으로 인도를 받아, 하나님 영광의 보좌 우편에 이르기까지 영광의 복음의 영으로, 충만케 하셔서 이루시는 공중혼인잔치 자리에 들어 갈 때에, 영원한 생명의 영광의 보좌에 길이 되고, 하나님의 의의 따르는 첫째부활의 영광의 길로, 인도받는 것이 되는 것입니다.

우리는 믿음으로 어떻게 구원에 이르고 의로운 자가 되는가?

부활의 신앙이란 무엇인가?

부활의 신앙이란 무엇인가?

　　예수 그리스도를 구주로 믿는 기독교는 부활의 신앙으로서, 로마서 8장11절에 "예수를 죽은 자 가운데서 살리신 이의 영이 너희 안에 거하시면 그리스도 예수를 죽은 가운데서 살리신 이가 너희 안에 거하시는 그의 영으로 말미암아 너희 죽을 몸도 살리시리라." 말씀하심으로서, 죽을 몸도 살리는 부활의 신앙임을 말씀하시고 있는 것입니다.

　　요한복음 6장54~58절에서도 "내 살을 먹고 내 피를 마시는 자는 영생을 가졌고 마지막 날에 내가 그를 살리리니, 내 살은 참된 양식이요. 내 피는 참된 음료로다. 내 살을 먹고 내 피를 마시는 자는 내 안에 거하고 나도 그 안에 거하나니, 살아계신 아버지께서 나를 보내시매 내가 아버지로 인하여 사는 것같이 나를 먹는 그 사람도 나로 인하여 살리라." 말씀하시고 있는데, 천지를 창조하신 하나님 아버지께서 우리의 죄

를, 유일하신 아들이신 예수 그리스도로 대속제물을 삼아, 그
의 피로 속죄를 이루시는 구주로 삼고, 우리를 은혜로 구원하
여 주신 것을 믿는, 믿음 안에 있는 하나님의 자녀들을, 예수
님께서 부활하셨듯이 우리들도 영원한 한 생명으로 구원하여,
부활의 생명이 될 것을 믿는 신앙이 부활의 신앙이라 하는 것
입니다.

우리는 믿음으로 어떻게 구원에 이르고 의로운 자가 되는가?

◆1 기독교는 부활의 종교로 영원한 생명의 산 종교이다.

　이 세상에는 많은 신이 존재하고 종교가 있지만, 영원한 생명으로 사는 부활의 신은, 오직 죽음 가운데서도 부활하신 예수 그리스도밖에는 없습니다. 그러므로 기독교는 유일한 영생의 종교요. 천지를 창조하신 유일하신 분은 하나님 한분뿐으로, 기독교는 모든 만물을 창조하신 하나님만을, 유일한 참신으로 믿는 종교입니다.

　이 세상에 육신을 입고 온 수 많은 사람들 중에, 죽었다가 부활하신 분도 예수 그리스도 한분뿐으로, 요한복음 20장16~17절에 "예수께서 마리아야 하시거늘 마리아가 돌이켜보고 히브리 말로 랍비여 하시니, 예수께서 이르시되 나를 만지지 말라. 내가 아직 아버지께로 올라가지 못하였느니라." 말씀하고 있고, 또 요한복음 20장19~20절에 제자들에게도 나타나셨는데, "이날 곧 안식 후 첫날 저녁 때에 제자들이 유대인들을 두려워하여 모인 곳에 문들을 닫았더니, 예수께서 오사 가운데 서서 가라사대 너희에게 평강이 있을지어다. 이 말씀을 하시고 손과 옆구리를 보이시니, 제자들이 주를 보고 기뻐하더라." 말씀하심으로, 예수님께서 부활하셨음을 입증하셨던 것입니다.

　그런데 예수님이 십자가에 달리셔서 죽으시고 부활하신 날, 무덤에 달려가 직접보고 확인까지 한 제자들과 마리아까지도, 예수님의 부활을 믿은 사람들은 단 한 사람도 없었습니다. 예수님께서 자신을 따라 다닌 제자들에게 여러 번에 걸쳐, 내가 죽고 죽은 자 가운데서 다시 살아날 것을 말씀하셨지만, 믿지

제3장 부활의 신앙이란 무엇인가?

아니하고 무덤에까지 찾아가 확인하고서도 부활하심을 믿지 않았습니다.

오늘날도 예수님께서 십자가에 대속 제물로 피 흘려 죽으셔서, 우리의 죄를 사하여주셨고 우리를 구원하여 주신 분이라는 것은 다 믿습니다. 예수님이 십자가에 못 박히셔서 돌아가신 것을, 직접 눈으로 보지는 않았지만 모든 성도들이 잘 믿습니다. 그런데 예수님께서 부활하셔서 하나님 보좌 우편인, 영광의 자리에 우리들도 갈 곳인 그곳에, 먼저 가 계신 것은 보지 못하고, 믿지도 않는 경우가 더 많이 있습니다. 그러므로 우리들은 예수님이 부활하신 것같이, 우리도 예수님과 똑같이 부활할 것을, 믿지 않는 자는 믿음이 없는 자들인 것입니다.

고린도전서 15장19절에 "만일 그리스도 안에서 우리의 바라는 것이 다만 이생뿐이라면 모든 사람 가운데 우리가 더욱 불쌍한 자리라." 말씀하고 있는데, 우리들이 세상 사람들처럼 세상의 삶을 위하여 즐기지 않는 것은, 부활의 생명임을 믿고 부활의 소망 가운데 삶을 살기 때문인데, 부활이 없다고 하면 얼마나 비참하고 헛된 것이겠습니까?

요한복음 20장15절에 보면 예수님께서 부활하셔서 가라사대, 여자여 어찌하여 울며 누구를 찾느냐? 하셨을 때, 마리아는 부활하신 예수님을 보고도 동산지기로 알았습니다. 누가복음 24장13~15절에서는 엠마오로 가는 두 제자와 함께, 예수님이 오랫동안 동행하면서 부활을 믿도록 말씀을 하셨지만, 부활하신 예수님을 알아보지 못하였습니다. 오늘날의 믿음도 이와 별반 다르지 않습니다. 예수님을 구주로 믿기는 믿지만 부활하신 예수님은 보지 못하고 있습니다. 그러므로 우리는 부활하신 예수님을 알기는 하는데, 확실히 믿고 있는지를 되돌아 보시기바랍니다. 주님을 믿고 부활의 신앙 안에 있어야, 내 영혼을 소생시키는 목자가 되신, 주님 안에서 평강이 있게 되는 것입니다.

제3장 부활의 신앙이란 무엇인가?

2 부활하신 주님 안에 있는 자의 믿음

부활하신 주님 안에 있는 자의 믿음은, 요한복음 20장13~16절에 막달라 마리아가, 부활하신 예수님을 친히 보면서도, 동산지기로 알고 있을 때 예수님께서 "마리아야"하고 부르시니, 그녀가 그때서야 부활하신 예수님을 알아보았음을 기록하고 있습니다.

왜 마리아가 예수님이 "마리아야"하고, 자신의 이름을 불렀을 때야, 예수님을 알아보았을까요? 이사야 49장16절 말씀에 "내가 너를 내 손바닥에 새겼고 너의 성벽이 항상 내 앞에 있나니," 말씀하고 있는데, 즉 손바닥에 그의 이름을 새겼기 때문입니다. 구약의 여호와(야훼)는 "언약을 지키는 자, 자기 백성을 구속하는 자,"의 의미로, "언제나 존재하는 분"을 나타내며, 신약에 구주로 오신 예수님을 뜻합니다. 그러므로 여호와의 손바닥에 새긴 이름은, 예수님의 손바닥에 새긴 이름과 같은 것입니다. 따라서 예수님이 손바닥에 새겨진 마리아의 이름을 부른 것입니다.

다시 말하면 마리아에게 주님이 목자가 되시어, 그분의 손바닥에 새겨진 이름인 마리아를 부르실 때, 그 음성을 듣고 마리아는 예수님의 3년 반 동안의 인도를 받아왔고, 예수님이 십자가에 죽으심으로서 마리아의 이름도 함께 죽은 것입니다. 그리고 주님이 부활하셔서 "마리아야" 부르신 것입니다. 즉 부활하신 주님의 손바닥에 여전히 마리아의 이름이 새겨져 있음으로 부른 것입니다.

창세기 3장9절에서 하나님께서 아담을 부르셨듯이, 예수님도 마리아의 이름을 부르신 것입니다. 마리아가 자신의 이름을 부르는 주님의 음성을 듣는 것은, 아담과 하와와 같이 산 자로서 마리아요. 또한 부활하신 주님 안에서 산 자가 되었음으로 그 음성이 들리는 것입니다.

즉 마리아는 일곱 귀신을 쫓아내고 온전히 예수님의 말씀으로 채워진 믿음의 사람입니다. 그러므로 예수님이 여호와시요 하나님이심을 잘 알고 있는 마리아는, 예수님께서 자신의 이름을 부르시는 것이, 죽으셨다가 부활하셔서 자기 이름을 부르고 있는 것으로 듣고 있는 것인데, 그 음성을 듣는 것은 부활하신 주님을, 영으로 깨달아 들음으로서 비로소 눈으로 보게 된 것입니다.

오늘 우리들도 부활의 생명을 믿지 아니하고, 바라보기만 하면 아무 소용이 없는 것입니다. 부활의 생명임을 믿고 믿는 믿음의 눈으로 보게 되면, 모든 것이 보이나 믿지 아니하고 보면, 믿음의 세계가 보이지 않습니다. 성경 말씀도 믿음의 눈으로 보면 다 보이지만, 믿음이 없는 눈으로 보면 보이지 않는 것입니다.

마리아가 예수님께 "랍비오니," 하였는데, 랍비오니는 선생님이라는 의미로 우리들이 흔히 말하는, 니고데모가 예수님께 "랍비여" 부른 선생님과는, 차원이 다른 선생님의 의미입니다. 니고데모는 자신이 율법 선생이 되어 이렇게 하면 천국 가고, 저렇게 하면 지옥 간다고 가르치는 선생이기에, 예수님도 그런 선생으로 알고 부른 것이나, 마리아가 부른 랍비오니는 성령을 통하여, 마리아가 예수님의 음성을 듣고 깨닫는 영이 되어, 예수님을 믿음의 눈으로 바라보니 부활하신 주님을 보게 되었고, 먼저 부활하신 분임으로 랍비오니 즉 선생님이라 부른 것입니다.

다시 말하면 예수님께서 죽은 자 가운데서, 먼저 부활하심을 보게 되니 마리아 또한, 자신도 주님을 따라 부활하게 될 것을 깨닫고, 그 부활의 길로 인도하여 부활하게 할 분임으로 "랍비오니"하고 부른 것입니다. 그러므로 과거의 마리아만이 아닌 지금도, 내일의 미래에도 계속하여 부활하신 예수님께서, 손바닥에 새겨진 우리들의 이름을 계속 부르실 것을 믿으시기 바랍니다. 예수님과 함께 십자가의 죽음을 경험하고, 부활하신 주님이 부르는 음성을 듣는 자는, 자신도 예수님과 똑같이 부활하게 될 것을 믿는 자인 것입니다. 그리고 예수님과 같이 신령한 몸으로 부활하게 될 것을 믿게 되면, 예수님을 죽은 자 가운데서 살리신 성령이, 그 영광된 몸으로 준비하는 성령으로 열매 맺게 하는, 생명으로 살리시는 역사도 믿어지게 되는 것입니다.

따라서 예수님이 혈육의 몸이 아닌 신령한 몸으로 부활하셨듯이, 부활하신 예수님을 믿는 자는 자신도 신령한 몸으로 부활될 것을 믿는 것입니다. 신령한 몸으로 부활하게 된다는 의미는, 이 세상에서 믿음으로 열매 맺은 대로, 영광을 입혀주시는 것을 뜻하는데, 예수님을 죽은 자 가운데 살리신 이의 영, 즉 성령이 우리 안에 거하셔서 성령으로 열매 맺어, 하늘의 영광을 예비하는 몸으로 살게 하시는 것을 깨닫게 될 때에, 예수님을 "랍비오니"하고 부를 수 있는 것입니다.

다시 말하면 부활하신 예수님을 믿는다는 것은, 예수님 안에서 하나님의 아들로서 살림 받은 생명이며, 성령으로 열매 맺는 몸으로 산 자 되게 하신 것임을 말하는 것으로, 십자가에 못 박히셔서 죽으신, 예수님의 손바닥에만 이름이 있는 것이 아니라, 부활하신 예수님의 손바닥에도 산 자의 이름이,

새겨져 있는 것을 믿음으로 깨달아야 하는 것입니다. 그래서 우리들이 예수님의 이름으로 기도하는 것으로, 예수님께서 몸으로 이루신 모든 것들이, 예수님을 구주로 믿는 우리들에게 구원이 되는 것을 믿고, 믿은 대로 체험되도록 이루실 이름이 주님이심으로, 예수님의 이름으로 기도도 하는 것입니다.

◆3 우리 몸은 부활의 주님의 지체이다.

우리 몸이 부활의 주님의 지체라는 것은, 누가복음 24장13 ~15절에 예루살렘에서 이십 오리 떨어진 엠마오(엠마우스, Ἐμμαοῦς)로, 두 제자와 함께 부활하신 예수님이 동행하였으나, 두 제자들의 눈이 가리워져서 부활하신 주님을, 알아보지 못하였다고 기록하고 있습니다.

예수님은 "따뜻한 샘물"이라는 의미의 마을인 엠마오로, 두 제자와 가는 동안 모세로부터 모든 선지자들의 글과, 성경에 기록된 모든 말씀을 풀어주셨을 때, 누가복음 24장32절에 "우리 속에서 마음이 뜨겁지 아니하더냐?" 하시고 있는데, "우리"라고 말하는 것은 여러 사람에게 말씀을 주실 때에 말하는 것으로, 그럴 때는 뜨겁기만 하고 각자 자신에게 주는 떡으로 받을 때는, 자신을 위하여 부활하신 주님과 관계로 역사하는 것임을 깨닫게 되는 것입니다.

그리고 누가복음 24장36절에 예수님이 떡을 떼셨는데, 떡은 진리의 말씀으로 즉 죽으셨다가 부활하신, 주님에 대한 생명의 말씀이 떡으로, 주님께서 떡을 떼어 먹여주심으로서, 그 때에 부활하신 주님이 보였던 것입니다. 다시 말하면 죽으셨다가 부활하셨다는 말씀이 성취된 것이, 자기 자신을 위한 역사이고 자기 자신에게 주신, 그 역사하는 말씀을 받아먹게 되면, 그 말씀이 속에서 역사하여 부활의 주님을, 볼 수 있게 됨을 말씀하시는 것입니다.

오늘날도 예수님이 죽으시고 나의 죄를 사하여주셨다는, 속죄의 구원을 믿는 것으로 끝나는 것이 아니라, 부활하신 예수님이 나의 주님이 되시는 것과, 부활하신 주님과 연합된 자인 것을 믿는 것이, 그 다음으로 중요한 것입니다. 왜냐하면 요한복음 20장16절에 "예수께서 마리아야 하시거늘 마리아가 돌이켜, 히브리 말로 랍비오니여 하니," 하신 말씀과 같이, 자기의 이름을 부르시는 부활하신 주님의 음성을 듣는 자는 산 자로, 부활하신 주님을 믿는 자는 하나님 보좌 우편에 계시는, 영광의 주님과 하나로 천상에 앉힌바 된 자들입니다.

고린도전서 12장12~13절에 "몸은 하나인데 많은 지체가 있고 몸의 지체가 많으나 한 몸임과 같이 그리스도도 그러하니라. 우리가 유대인이나 헬라인이나 종이나 자유자나 다 한 성령으로 세례를 받아 한 몸이 되었고 또 다 한 성령으로 마시게 하셨느니라." 말씀하고 있는데, 부활하신 예수님은 하늘에만 제한되어 있는 분이 아니라, 어느 곳에든지 계셔서 영광의 주로서, 하나님의 아들들의 구원을 이루시는 것입니다. 그러므로 예수님께서 부어주시는 성령은 같은 성령으로, 같은 성령으로 인침 받아 인도받는 사람들은, 같은 말씀 같은 영으로 인도받음으로 한 형제라 하시는 것이요. 같은 한 몸이요 한 지체라 하시는 것입니다.

그리고 주님이 부어주시는 성령을 통하여 열매 맺는 생명으로, 하늘 보좌 우편 영광의 자리로까지 살리는 역사를 이루시고, 죄악 속에 빠져 사망의 권세 아래 있는 하나님의 자녀들이 있을 때, 부활하신 예수님과 온전히 연합된 자로 있으면, 주님께서 우리의 입을 통하여 성령으로 말씀하게 하시고, 그들에게 성령으로 말씀이 역사하게 하여, 살리는 역사를 계속하시는 것입니다.

제3장 부활의 신앙이란 무엇인가?

 # 죽은 자를 부활로 받다.

　죽은 자를 부활로 받는다는 말씀은, 히브리서 11장35절에 "여자들은 자기의 죽은 자를 부활로 받기도 하며 더 좋은 부활을 얻고자 하여 심한 고문을 받되 구차히 풀려나기를 원하지 아니하였으며," 하신 말씀에서 나타나는데, 본문에서 말하는 여자는 열왕기상 17장9~16절에 사르밧 과부와, 열왕기하 4장8~13절에 수넴 여인과 같은 여인들을 말하는 것으로, 이들은 죽은 아들을 부활로 받았음을 말씀하시고 있는 것입니다.

　그리고 부활과 소생(회생)의 의미하는 바는 좀 다른 것인데, 즉 회생 또는 소생은 잠깐 동안 기절을 하였다가 다시 깨어나는 것을 뜻하지만, 부활하였다는 함은 영원히 죽지 않는 생명으로 사는 것을 의미하는 것입니다. 그러면 사르밧 과부의 아들과 수넴 여인의 아들들이, 지금까지 살아 있다는 것일까요? 그렇지는 않습니다. 이들의 육신도 다시 죽고 존재하지 않습니다.

　그러나 그들이 살았다고 하는 것은 육신의 소망만이 아닌, 하늘나라의 영원한 영광된 열매 맺는 몸으로, 살림을 받았음으로 부활로 받았다고 말하는 것입니다. 그러므로 이들이 맺은 열매는 하늘의 영원한 생명의 열매요. 영생의 열매로 영원히 죽지 않는 부활인 것입니다. 로마서 8장11절에 "예수를 죽은 자 가운데서 살리신 이의 영이 너희 안에 거하시면 그리스도 예수를 죽은 자 가운데서 살리신 이가 너희 안에 거하시는 그의 영으로 말미암아 너희 죽을 몸도 살리시리라." 하신 말씀도, 부활의 열매 맺는 몸으로 살리는 것을 뜻하는 것입니다.

부활하신 예수님은 영원히 죽지 않고 살아 계시며, 부활하신 주님 안에 있는 우리에게도 영원히 죽음은 없는 것입니다. 그러므로 요한복음 11장25절에 "나는 부활이요. 생명이니 나를 믿는 자는 죽어도 살겠고 무릇 살아서 나를 믿는 자는 영원히 죽지 아니하리니," 말씀하고 있는 것입니다.

예수님께서 요한복음 11장17~44절에, 죽은 나사로를 살리셨음을 기록하고 있는데, 예수님께서 나사로를 살리신 것은 예수님의 능력이나, 기적을 보이시기 위하여 살리신 것이 아닙니다. 요한복음 11장25절에 "나는 부활이요 생명이니 나를 믿는 자는 죽어도 살겠고," 하신 말씀대로, 부활로 사는 것은 신령한 몸으로 변화되는 것이 아니라, 하늘의 열매 맺는 산 자의 몸으로 살리신 것을 말하는 것입니다.

다시 말하면 성령으로 열매 없는 죽음 가운데 있는 나사로를, 영적으로 하늘의 열매 맺는 생명으로 살리신 것을 뜻하는 것인데, 이것이 부활의 생명이며 부활의 신앙인 것입니다. 나사로의 육신이 죽었다가 살아난 것이 중요한 것이 아닙니다. 주님께서는 나는 부활이요 생명이라 하신, 영적 생명으로 살리는 것이 주된 목적입니다. 그런데 마르다는 요한복음 11장24절에 주님이 하신 말씀을 믿지 아니하고, 마지막 날에 부활하여 다시 살 것만 보고 있습니다. 그러나 예수님은 지금 살림 받을 것이라 말씀하고 있습니다. 즉 이 말씀은 죽은 자를 여자가 부활로 받은 것인데, 마리아가 나사로를 부활로 받았음을 보여주시고 있는 것입니다.

열왕기상 17장17~24절에 사르밧 과부의 죽은 아들이 살아난 것도, 여자가 죽은 자를 부활로 받은 것을 뜻하는데, 사르

제3장 부활의 신앙이란 무엇인가?

밧 과부의 아들이 죽은 것은, 태의 열매가 없는 죽음을 나타내는 것이요. 사르밧 과부 역시 죽은 아들과 같이, 열매 맺지 못하는 죽음 가운데 있는 것을 보게 하시는 것입니다. 즉 사르밧 과부의 아들은 3년 반 동안의 가뭄 중에, 육신의 생명을 위해 가루통에 가루와, 기름통에 기름을 주신 것만을 감사하는 믿음의 신앙이었습니다. 그러므로 영적으로 죽은 자였던 것입니다.

그런데 하나님의 종인 선지자 엘리야는 흉년 중에, 육신의 양식을 주신 하나님께 감사하는 신앙이 아니라, 이스라엘 백성들이 우상을 숭배하며 열매 없는 믿음생활을 함으로, 하늘에 열매 없는 흉년과 멸망 가운데 있음으로, 이들을 살리고자 자신에게 가루와 기름을 채워주셔서, 먹게 하시는 하나님께 감사하는 종의 믿음인 것으로, 즉 하늘에 열매 맺는 생명으로 사는, 엘리야 선지자임을 깨닫게 하시는 것입니다.

즉 육신의 생명을 죽지 않게 하기위하여 가루통과, 기름통을 채워주시는 것만을 감사하는 사르밧과 그의 아들은, 흉년이 끝나고 풍년이 되면 하나님께 감사하지 않게 되는 것입니다. 왜냐하면 현재 생활에 감사를 드리고는 있지만, 하나님이 원하는 영혼에 유익이 되는 열매 맺는, 영적 삶으로 살고 있지 않기 때문입니다. 따라서 이러한 영적 세계를 모르는 사르밧 과부에게, 하나님께서 그 아들을 죽게 한 후, 영적으로 열매 맺는 몸으로 다시 살리시어, 여자인 사르밧 과부로 죽은 자를 부활로 받게 하시고, 더 좋은 부활을 깨달아 보게 하기 위한 역사를 이루신 것입니다. 그러므로 열왕기상 17장24절에 "여인이 엘리야에게 이르되 내가 이제야 당신은 하나님의 사람이시요. 당신의 입에 있는 여호와의 말씀이 진실한 줄 아노

우리는 믿음으로 어떻게 구원에 이르고 의로운 자가 되는가?

라.” 하시고 있는 것입니다.

　사르밧 과부의 이 고백은 그 때에서야, 육신의 생명으로 가려졌던 영의 세계, 곧 하늘나라의 영광의 세계를 보게 된 고백을 하게 된 것입니다. 하나님께서 세우신 종이 엘리야요. 엘리야 선지자의 입에서 나오는 말씀이 모두, 하나님이 주신 진리의 말씀임을 고백하고 있는 것입니다. 그러므로 오늘날 우리들의 믿음의 고백도, 하나님께로부터 보냄 받은 종을 통해서, 하나님께서 이때에 합당한 말씀을 그 입에 담아 주셔서, 증거하게 한 말씀이 우리를 첫째부활의 영광의 길로, 인도하는 진리임을 깨달아 고백하는 믿음의 아들들이 되셔야 하는 것입니다.

제3장 부활의 신앙이란 무엇인가?

제 4 장

평강이 있는 안식하는 믿음

평강이 있는 안식하는 믿음

　평강이 있는 안식하는 믿음이란, 부활의 신앙으로 믿는 믿음이 있을 때 얻어지는 것으로, 우리의 신앙생활에 기본이 되면서도, 누리지 못하는 신앙이 안식하는 믿음인데, 안식하는 신앙은 마태복음 11장28~29절에 "수고하고 무거운 짐 진 자들아 다 내게로 오라. 내가 너희를 쉬게 하리라. 나는 온유하고 겸손하니 나의 멍에를 메고 내게 배우라. 그러면 너희 마음이 쉼을 얻으리니, 이는 내 멍에는 쉽고 내 짐은 가벼움이라 하시니라."하신, 말씀에서 깨달아 볼 수 있는데, 먼저 시편 23편2~3절에 푸른 초장에 우리를 누이시고, 쉬는 물가로 인도하시는 그분은 목자시고, 나는 양이라는 관계가 바로 정립되어져야 합니다.

　즉 푸른 초장에 우리를 누이시는 분은, 목자 되시는 여호와 하나님이시며, 하나님께서 양들인 우리를 푸른 초장에 누이시는데, 푸른 초장에 우리를 누이시는 것은, 에스겔서 34장14~15절에 "좋은 꼴로 먹이고 그 우리를 이스라엘 높은 산에 두리니 그것들이 거기서 좋은 우리에 누워 있으며 이스라엘 산 위에서 살진 꼴을 먹으리라. 나 주 여호와가 말하노라. 내가 친히 내 양의 목자가 되어 그것들로 누어있게 할찌라." 하신 말씀에서 깨달아 볼 수 있습니다.

꼴은 양들의 양식으로 하나님의 자녀들인, 우리들에게는 생명의 말씀이 되는 것입니다. 그러므로 가장 좋은 꼴은 진리 중에 진리인 것이요. 가장 좋은 우리에 있게 하신다는 우리는, 이스라엘 산중에 가장 높은 산들 위에 있는 우리로, 우리들이 좋은 꼴을 먹으면 먹을수록, 더 높은 산의 우리로 인도하시는데, 산들 위에 좋은 우리는 하나님의 말씀인, 진리만 역사하는 교회를 말하는 것입니다.

그런데 좋은 우리가 높은 산에 있다는 것은, 요한계시록 21장10절에 "성령으로 나를 데리고 크고 높은 산으로 올라가 하나님께로부터 하늘에서 내려오는 거룩한 성 예루살렘을 보이니," 하신 말씀대로, 거룩한 성 새 예루살렘 성을 보여주기 위함이요. 그 새 거룩한 예루살렘 성을 보는 자에게는, 평강의 안식이 있게 되기 때문인 것입니다. 그럼 우리 평강의 안식이 어떠한 것인가를 알아봅시다.

1 ▶ 수고하고 무거운 짐을 없애주시는 주님

주님께서는 우리를 자유케 하시는 주님으로, 마태복음 11장 28절에 "수고하고 무거운 짐진자들아 다 내게로 오라. 내가 너희를 쉬게 하리라." 말씀하심으로서, 믿음 생활을 하면서도 편안한 안식이 없이, 구원받기 위하여 또는 단순히 천국가기 위하여 믿는, 수고하는 자들을 위하여 본문의 말씀을 주신 것으로, 이러한 믿음에 있는 자들은 다 예수님께로 오라는 말씀입니다.

예수님께로 오면 편히 쉼을 얻는다는 말씀으로, 즉 예수님께서 은혜와 사랑으로 구원하여 놓으시고, 우리를 사랑으로 불러 예수님이 이루어 놓으신, 구원을 믿고 깨닫게 하심으로서 우리가 수고할 것이 없이, 그 구원을 믿기만 하면 된다는 말씀인 것입니다.

그런데 왜 "무거운 짐 진 자들아 다 내게로 오라."고 말씀하시는 것일까요? 왜냐하면 우리들이 하나님의 말씀과 계명을, 규범으로 잘 지키며 살려다보니, 신앙생활이 힘들고 어렵게만 느껴지기 때문입니다. 신앙생활을 열심히 하면 할수록 더 힘들고, 고달프며 계속 힘든 일만 생기게 됩니다. 마태복음 23장2절에 보면 예수님께서 말씀하시기를 "서기관과 바리새인들이 모세의 자리에 앉았으니," 말씀하고 있는데, 서기관들과 바리새인들이 모세의 자리에 앉았다는 것은, 하나님의 말씀을 가르치는 자들인 서기관과 바리새인들이, 말로만 하고 하나님의 뜻에 합당하게, 행하지 않음으로 그렇게 말씀하시고 있는 것입니다.

마태복음 23장4절에는 "또 무거운 짐을 묶어 사람의 어깨

제4장 평강이 있는 안식하는 믿음

에 지우되 자기는 이것을 한 손가락으로도 움직이려 하지 아니하며," 하셨는데, 무거운 짐은 다른 사람이 지워주는 짐이 무거운 짐으로, 가르치는 자들인 서기관과 바리새들이, 하나님의 말씀을 하나님의 사랑으로 전하지 않고, 문자적 의미로 가르치고 교훈과 유전과, 규율과 규칙으로 가르치기 때문에, 무거운 계명이 되고 있음을 말씀하시고 있는 것입니다.

다시 말하면 하나님의 말씀과 계명을 육신으로 지켜 행하여야, 천국에 간다고 가르치기 때문에 하나님을 섬기는 신앙생활이 어렵고, 힘든 무거운 짐으로 지워지고 있는 것입니다. 그리고 교회에 나아가 예수님을 믿으면 짐을 풀어놓아야 하는데, 짐을 내려놓기는커녕 오히려 자꾸 짐을 더 얹어, 더욱 무겁게만 만들기 때문에, 예수님께서 그렇게 말씀하시고 있는 것입니다.

그리고 자기는 한 손가락으로도 움직이려하지 안는다 하셨는데, 카(Carr)의 말처럼 마치 무자비한 마부가, 무겁고 운반하기 힘든 물건을 짐승의 등에 싣고, 자신은 무관심하게 서서 짐을 덜어주거나, 바로 잡아 줄 생각은 아니함과 같다고 표현한 말로서, 요한일서 5장3~4절에 "하나님이 사랑하는 것은 이것이니, 우리가 그의 계명을 지키는 것이라. 그의 계명들은 무거운 것이 아니로다. 대저 하나님께로서 난 자마다 세상을 이기느니라. 세상을 이긴 이김은 이것이니 우리의 믿음이니라." 말씀하시고 있습니다. 즉 우리에게 하나님의 계명은 결코 무거운 것이 아닌 것입니다. 하나님 아버지께서도 우리 인간들은, 하나님의 계명을 100% 지키지 못할 것도 알고 계십니다. 그러므로 하나님 아버지께서는 예수님을 통하여 하나님의 계명인 율법을, 온전히 이루게 하시고 우리의 모든 불법함과 허물을, 한 몸에 담당하게 하셔서 피를 흘리게 하심으로 대속제물이 되게 하셨습니다.

그리고 예수님이 구원하여 주신 구주로 믿는 자들에게, 예수님이 온전히 지키신 율법의 의를 덧입혀 주셔서, 하나님의 계명을 다 지킨 자로 인정하시고 의롭다 하신다 하셨습니다. 우리의 겉만 의롭다 하시는 것이 아니라, 우리를 하나님의 말씀으로 계속하여 우리의 마음까지, 의로운 자로 세워 가시는 것입니다. 예수님께서 제자들의 발을 씻음으로서 깨끗게 하신 것과 같이, 예수님께서 주신 말씀을 성령을 부어주셔서, 깨닫게 하여 우리의 속에 어둡고 더러운 부분들까지, 예수님과 같이 거룩한 자로 성화시켜 가시는 것입니다.

히브리서 8장10절에 "내 법을 저희 생각에 두고 저희 마음에 이것을 기록하리라." 말씀하셨듯이, 예수님을 믿는 믿음 안에서 새 피조물이 된 우리들에게, 말씀이 육신을 입고 오신 예수님과 같이, 우리들 속에 그리스도의 장성한 분량에 이르러, 그리스도의 형상을 이루기까지 역사를 이루어 주시는 것입니다. 그러므로 예수님을 믿는 믿음 안에서, 하나님의 계명들을 지키는 것은 무겁고 힘든 것이 아니라, 주님께서 이루어 주심으로 힘든 것이 아닌 것입니다. 우리들 스스로 말씀을 지켜 행하던 짐이, 예수님께로 넘겨져서 예수님이 우리 속에서, 말씀을 믿는 믿음대로 일하심으로서, 우리에게 경험되어진 은혜에 대하여 기쁨과 감사함으로, 찬송과 경배밖에 드릴 것이 없게 되는 것이며, 부활의 생명이 되었음으로 죽음에서도 해방되었으니, 우리에게는 편안한 안식이 있을 수밖에 없는 것입니다.

제4장 평강이 있는 안식하는 믿음

2. 그리스도 안에 있는 새 피조물은 자기 일을 쉬게 된다.

그리스도 안에 있는 새 피조물은 자기의 일을 쉬게 된다 함은, 마태복음 11장29절에 "나는 온유하고 겸손하니 나의 멍에를 메고 내게 배우라. 그러면 너희 마음이 쉼을 얻으리니, 이는 내 멍에는 쉽고 내 짐은 가벼움이라 하시니라." 하신 말씀에서 보여주고 있는데, 예수님의 마음이 온유하다는 것은 하나님 아버지께 절대적으로 순종하며, 하나님의 뜻대로 하나님의 선한 일을, 이루기 위하여 사신 분이심을 뜻하는 것이요. 예수님의 마음이 겸손하다는 것은 요한복음 1장29절에, 세례 요한이 예수님을 증거할 때에 "보라 세상 죄를 지고 가는 하나님의 어린양이로다." 하셨는데, 세상의 죄를 지고 가는 하나님의 어린양은, 오직 한분뿐인 어린양 예수 그리스도로, 예수님은 작아지고 하나님 아버지만 늘 나타내어, 하나님 아버지의 영광만을 나타내셨기 때문입니다.

그러나 요한복음 21장15절에 예수님께서 시몬 베드로에게, "내 어린양을 먹이라." 하신 말씀의 어린양은 성도들을 나타낸 것입니다. 왜냐하면 우리들이 큰 양이면 예수님의 양이 되지 못하는 것입니다. 요한복음 3장30절에 "그는 흥해야 하겠고 나는 쇠하여야 하리라."는 말씀과 같이, 우리는 주님의 어린 양으로 주님 안에서 안식하기 때문인데, 주님 안에 있는 자일수록 예수님의 영광만 드러내게 되기 때문입니다. 우리 자신은 계속 적어져 없어져가고, 예수님께서 역사하여 이루신 예수님의 부활의, 구원 역사만을 증거하여야 하기 때문인 것입니다.

우리는 믿음으로 어떻게 구원에 이르고 의로운 자가 되는가?

그런데 오늘날 우리들은 어떻습니까? 예수님의 이름만 영광으로 나타내고 있습니까? 아니면 목사들의 이름만 흥왕합니까? 예수님의 존재는 찾아볼 수 없을 정도요. 목사들의 이름만 유명해져 있습니다. 바로 이와 같은 현상이 창세기 6장4절에 "땅에 네피림이 있었고 그 후에도 하나님의 아들들이 사람의 딸들을 취하여 자식을 낳으니, 그들이 용사라 고대에 유명한 사람이었더라." 말씀하시고 있는 것입니다. 따라서 아모스 6장1절에 "화 있을찐저 시온에서 안일한 자와 사마리아 산에서 마음이 든든한 자, 곧 열국 중 우승하여 유명함으로 이스라엘 족속이 따르는 자들이여," 하시는 것으로, 오늘 우리들은 예수님의 온유와 겸손한 마음을 깨달아 배워야 하는 것입니다. 그리하면 우리의 마음에 쉼을 얻는다는 것인데, 어떻게 쉼을 얻는다는 말씀일까요? 예수님의 사랑의 믿음 안에 있는 자가 되어, 예수님의 온유와 겸손함을 깨닫게 되고, 예수님 안에서 그의 큰 사랑의 힘에 의하여, 자신은 부인되고 예수님이 주인이 되어, 그의 사랑의 지배를 받게 됩니다.

즉 그리스도 예수 안에서 새 사람이 된 영은, 예수님이 주인이 되시어 예수님께서도 하나님의 뜻을 이루셨듯이, 예수님의 뜻을 이루는 영이 되어, 예수님이 부어주신 성령에 이끌림 받아, 그 영에 이끌림 받아 살게 됩니다. 그래서 예수님의 뜻을 이루는 마음으로 바뀌어, 그 생명으로 살게 되는 것이요. 마음인 "프뉴마($\pi\nu\varepsilon\tilde{\upsilon}\mu\alpha$)"는 생명체에 활력을 불어넣는 생명의 원리로서, 영 또는 영혼을 가리키는 말로 신약 성경에서는, 대부분 영혼 또는 성령이라는 의미로 번역되었습니다. 그러므로 우리는 육신적 믿음에 따르는 자가 되어서는 안 되는 것이며, 말씀으로 깨어 성령에 이끌림 받는 주안에서, 성령 하나님이 준비한 대로 바쳐지는, 사람이 되기를 바라야 하는 것입니다.

따라서 자신의 열심으로 말씀의 계명을 지키며 살아가던, 모든 수고와 근심걱정이 예수 그리스도 안에서, 새 피조물이 된 믿음의 아들들에게는, 예수님의 의로 이룬 의가 입혀져서 관계가 없게 되는 것입니다. 그러므로 말씀이신 하나님이 육신을 입고, 예수님으로 오셔서 그 말씀을 믿는 자들에게는, 성령을 부어주셔서 그 성령으로 인도를 받게 하심으로, 믿음 안에 있는 자들의 영혼과 육을 통하여, 친히 성령께서 일을 하시니 마음에 쉼을 얻게 되는 것인데, 더 정확하게 말하면 영혼이 쉼을 얻는 것입니다.

요한복음 6장63절에 "살리는 것은 영이니 육은 무익하니라. 내가 너희에게 이른 말이 영이요 생명이라." 말씀하시고 있듯이, 우리들이 영으로 말씀을 받으면 우리의 깨닫는 마음과, 생각의 혼이 예수님의 생각과 마음으로 채워져서, 사람의 일은 쉽게 하고 육신도 말씀을 따라, 예수님이 이루시는 선한 일에 도구로 쓰임받게 하시는 것입니다.

◆3 하나님의 안식에 들어간 믿음의 사람들

하나님의 안식에 들어간 믿음의 사람들에 대한 말씀은, 마태복음 11장30절에 "이는 내 멍에는 쉽고 내 짐은 가벼움이라 하시니라." 하신 말씀에서 찾아 볼 수 있는데, 예수님의 멍에와 짐을 내가 진다는 것은, 예수님이 구주가 되심을 믿는 것을 뜻하는 것으로, 요한일서 5장3~4절에 "하나님이 사랑하는 것은 이것이니 우리가 그의 계명을 지키는 것이라. 그의 계명들은 무거운 것이 아니로다. 대저 하나님께로서 난 자마다 세상을 이기느니라. 세상을 이긴 이김은 이것이니 우리의 믿음이니라." 하심으로서, 세상의 이김이 우리들의 믿음임을 말씀하시고 있고, 요한복음 8장32절에서는 "진리를 알지니 진리가 너희를 자유케 하리라." 하시고 있는데, 본문의 자유케 함의 자유는 우리의 뜻대로 하는 자유방임이 아니라, 예수님께 결박된 믿음 안에서의 자유를 뜻하는 것입니다.

즉 그리스도 안에서 새 사람이 된 믿음 안에서, 영적 자유를 누리는 것을 의미하는 것입니다. 우리들이 구주로 예수님을 믿고 부활의 생명이 되었는데, 그 어떤 죽음의 두려움이나 어려움이 있겠습니까? 하나님의 말씀을 하나님의 뜻으로 들으며, 내게 진실 된 영원한 진리의 말씀으로 받아 따르면, 주님과 우리들의 관계는 끊어지지 않고 쉼을 얻게 되는 것입니다.

히브리서 3장~4장을 보면 하나님의 안식과, 또 우리들에게 준비된 안식에 대하여 말씀하시고 있는데, 히브리서 3장7~8절에 "그러므로 성령이 이르신바와 같이 오늘날 그의 음성을 듣거든, 노하심을 격동하여 광야에서 시험하던 때와 같이 너희 마음을 강퍅케 하지 말라." 말씀하고 있고, 15절에서는

"성경이 일렀으되 오늘 너희가 그의 음성을 듣거든 노하심을 격동할 때와 같이 너희 마음을 강퍅케 하지 말라."고, 같은 말씀을 하고 있습니다.

그리고 히브리서 4장7절에서도 "오랜 후에 다윗의 글에서 다시 어느 날을 정하여 오늘날이라고 미리 이같이 일렀으되 오늘날 너희가 그의 음성을 듣거든 너희 마음을 강퍅케 하지 말라."고도 말씀하고 계신데, 이는 오늘날 성령으로 주시는 말씀을 들을 때에, 우리의 마음을 완악하게 하지 말고 성령의 말씀을, 아멘으로 받아 믿는 자들이 되라는 것입니다. 비록 성령의 말씀을 오늘날 교역자들을 통하여 주시지만, 하나님이 내게 주시는 말씀으로 받을 때에, 우리는 주님의 안식에 들어 갈 수 있는 것입니다.

그런데 히브리서 4장4~5절에 "제 칠일에 관하여는 어디 이렇게 일렀으되 하나님은 제 칠일에 그의 모든 것을 쉬셨다 하였으며, 또 다시 거기 저희가 내 안식에 들어오지 못하리라 하였으니," 말씀하시고 있는데. 창세기 2장2~3절에 보면 "하나님의 지으시던 일이 일곱째 날이 이를 때에 마치니 그 지으시던 일이 다하므로 일곱째 날에 안식하시니라. 하나님이 일곱째 날을 복 주사 거룩하게 하셨으니 이는 하나님이 그 창조하시며 만드시던 모든 일을 마치시고 이 날에 안식하셨음이더라." 말씀하심으로서, 일곱째 날 안식하시며 쉬셨다고 하셨습니다. 그리고 그 후 저녁이 되고 아침이 되니, 여덟째 날이라는 말씀이 없습니다.

즉 하나님께서는 여덟째 날을 계수하지 않고, 일곱째 날에 안식하심으로서 제 칠일을 안식일로 지키게 된 것입니다. 그리고 이것이 바로 하나님의 안식으로, 일곱째 날을 복 주시고

우리는 믿음으로 어떻게 구원에 이르고 의로운 자가 되는가?

거룩하게 하신 그 하나님의 안식 안에, 너희도 들어오기를 바라고 있음을 나타내시고 있는 것입니다.

하나님은 구약시대의 백성들에게 가나안 땅에서 안식하는 복을 주셨으나, 그들이 믿지 않음으로서 광야에서 쓰러져, 그 허락하신 안식에 들어가는 자들이 되지 못하였습니다. 그러므로 오늘날 우리들에게도 이안식에 들어갈 약속이 남아있으니, 성령으로 주시는 복된 말씀을 들을 때에, 그 말씀을 받아 부활의 생명이 되어 믿음 없는 본에 빠지지 않고, 하나님이 예비한 안식의 삶에 들어가는, 믿음의 아들들이 되라는 말씀입니다.

하나님 아버지는 안식하는데 하나님의 아들들인 우리들은, 부지런히 힘써 일하는 것은 온당하지 않은 것입니다. 아버지께서 쉬시면 우리들도 쉬고 아버지께서 기뻐하시면 우리들도 기뻐하고, 아버지께서 슬퍼하시면 우리들도 슬퍼하고, 아버지께서 일하시면 우리들도 힘써 일하는 것이 합당한 것입니다. 또한 예수님이 슬퍼하는데 우리들이 기뻐하고, 예수님이 애통해 하는데 우리들이 즐거워한다면, 우리는 주님과 한 몸을 이룬 자들이 아닌 것입니다. 예수님께서 쉬시면 우리들도 쉬고, 예수님이 일하시면 우리들도 힘써 일하는 자들이 될 때에, 안식하는 아들들이 되는 것입니다.

따라서 히브리서 4장7절과 다윗의 시편 95편8~11절에서, 또 다시 정하신 어떤 안식이 사도행전 2장1~4절에, 오순절 성령의 강림으로 이루지게 하신 것입니다. 그러므로 우리들이 예수님을 믿어서 구원을 받은 것이 아니라. 예수님이 우리를 구원하여 놓으시고, 그 은혜와 사랑으로 불러 믿게 하시는 믿음 위에 있는 사람들에게는, 성령을 부어주심으로서 우리의

제4장 평강이 있는 안식하는 믿음

수고와 무거운 짐은 없어지고, 성령으로 우리 안에서 일하시게 함으로서, 하나님의 안식에 들어갈 수 있게 되는 것입니다.

그러나 마음이 완악하여 성령의 음성을 듣지 않음으로서, 성령으로 베푸시는 안식을 누리지 못하고, 수고하며 애쓰는 신자들이 너무나 많이 있습니다. 오늘날 성도 된 우리들은 예수님께서 원하시는 일인, 성령께서 우리를 통하여 이루시는 일로, 우리 자신들이 원하는 일을 구하는 것이 아니라, 아버지 하나님의 하늘의 일을 이루는 것이 될 때, 안식이 있게 됨을 깨달아야 하는 것입니다. 그러므로 히브리서 4장10절에 "이미 그의 안식에 들어간 자는 하나님이 자기 일을 쉬심과 같이 자기 일을 쉬느니라." 말씀하고 있는 것으로, 하나님께서는 일곱째 날에 복을 주시고 거룩하게 하셨다 하셨는데, 즉 일곱째 날짜가 복되고 거룩하다는 뜻일까요? 아니면 하나님이 복되고 거룩하다는 말씀일까요?

마태복음 12장8절에 "인자는 안식일의 주인이니라." 하시고 있습니다. 그러므로 일곱째 날인 안식일이 복되고 거룩한 것이 아니라, 안식일의 주인이신 예수님이 복되고 거룩하다는 뜻입니다. 왜냐하면 예수님이 진리이시며 빛이 되시기 때문입니다. 그러므로 그의 진리의 빛 안에 우리가 거할 때에, 어두움이 없는 빛의 자녀가 되는 것이며, 어두움이 없다는 것은 사단에 의하여 멸망 길로 가는 것이 없어지고, 자기 일 즉 세상 일에 매이지 아니하며, 오직 빛 되신 주님 안에서 저녁이 되며 아침이 되니, 제 팔일 째가 없는 하나님의 안식에 거하는, 믿음의 아들들이 된 자들이 되는 것임을 깨닫게 하시는 말씀인 것입니다.

그런데 오늘날은 어떻습니까? 우리의 신앙이 저녁이 있습니까? 아니면 없습니까? 어두움이 있습니다. 즉 어두움이 있다는 것은 올바른 안식에 들어가지 못한 것입니다. 안식일 날인 일곱째 날의 날은 히브리어로 "욤(םוי)"인데, 욤은 시간만을 의미하는 것이 아니라, "빛, 영원토록, 종신토록"이란 뜻도 있습니다. 따라서 일곱째 날인 안식일의 그 날이, 복되고 거룩한 것으로 믿어서는 안 되는 것입니다. 우리는 빛이 되시는 예수님 안에 있을 때, 복이 있는 것이요 새 피조물이 될 때 어두움이 없는 것입니다. 그러므로 우리들이 빛 가운데 있을 때 주님의 뜻을 이루고, 하나님의 말씀이 하나님의 뜻대로 이루어지는데, 이와 같이 하나님의 선한 뜻을 이루는 것이 빛의 역사인 것입니다. 인간의 욕심이나 세상의 역사를 이루는 것은 어두움의 역사인 것입니다.

예수님께서 마태복음 11장28절에 "수고하고 무거운 짐 진 자들아 다 내게로 오라. 내가 너희 마음에 쉼을 주리라." 하신 말씀도, 예수님께서 안식을 주신다는 말씀입니다. 예수님께서 주시는 안식은 성령을 통하여 안식을 이루어 주시는데, 예수님이 자기 백성을 죄에서 구원하시려고, 피 흘려 죽으시고 부활하셔서 영광의 주님이 되셨고, 예수님을 구주로 믿는 우리에게 성령을 부어주십니다. 그래서 성령이 임할 때에 안식이 시작되었고, 주일이 생기게 된 것입니다.

주일은 안식 후 첫날이라고 말하는데, 일요일만을 의미하는 것이 아니라, 주님의 날이라는 뜻입니다. 주님의 날은 주님 안에서 새 피조물이 된 우리의 몸이, 주님의 몸이 되며 주님이 우리들 안에서 주인이 되어, 주님의 뜻을 이루는 모든 날이 주님의 날이 됨을 의미하는 것입니다. 그러므로 안식이 있

제4장 평강이 있는 안식하는 믿음

는 사람에게는 날짜가 아무 상관이 없는 것입니다.

어두운 저녁이 되며 아침이 되어야, 날짜가 가서 한 해 두 해가 가는 것인데, 빛이 되시는 주님 안에서는 날짜가 영원한 하나님의 나라로 이루어짐으로, 태양이 영원히 빛을 발하듯 태양의 시간은 밤이 없음으로, 계속하여 낮만 계속됨으로 날짜의 개념이 없는 것입니다. 매일이 하루의 시간인 것입니다. 그러므로 하늘나라의 빛의 세계는 한정되어 누리는 것이 아니라, 영원히 누리는 영광인 것입니다.

또한 내 속에 역사하는 이의 역사를 따라 수고할 때, 근심이 있게도 됩니다. 이것은 주님의 일이 우리 자신을 통하여 이루어질 때, 온전히 쓰여지도록 주님이 내 영으로 근심하게 하시는 것이나, 성령의 도구로 쓰여질 때 내 힘의 수고로 하지 않게 하시고, 성령으로 수고하게 하시니 주님의 일을 하면 할수록, 새 힘과 기쁨을 주심으로 즐거움 가운데, 안식이 이루어지게 되는 것입니다.

우리는 믿음으로 어떻게 구원에 이르고 의로운 자가 되는가?

4 ▸ 안식일의 주인은 살리시는 역사를 하신다.

　안식일은 헬라어로 "삽바신(σάββασιν)"인데, "안식일들"이라는 복수의 뜻을 가지는 낱말로, 우리말로는 단 한 번의 안식일로 번역하고 있지만, 마태복음 12장1~2절에 "그 때에 예수께서 안식일에 밀밭 사이로 가실쌔 제자들이 시장하여 이삭을 잘라 먹으니, 바리새인들이 보고 예수께 고하되 보시요. 당신의 제자들이 안식일에 하지 못할 일을 하나이다." 함의, 원어적으로는 안식일마다 예수님과 제자들이, 계속 밀 이삭을 잘라 먹는다는 뜻입니다.

　즉 안식일(삽바신, σάββασιν)은 주 안에서 나는 쉬고, 내 안에 주께서 수고하게 하심을 따라, 내 안에서 역사하는 주님을 따라 일하는 자가 될 때에, 참 안식하는 자가 되는 것입니다. 우리 모두는 예수님 재림 후에 주님 안에서, 안식하는 때가 오게 되는데 마태복음 12장5절에, 제사장들이 성전 안에서 안식을 범하여도, 죄가 없음에 대하여 말씀하고 있습니다. 그런데 본문에서도 안식일을 복수로 표현하고 있습니다. 그러므로 안식일은 복수의 개념이며 밀은 성도들을 뜻하고, 성도들이 있는 곳이 밀밭이요. 즉 교회 또한 밀밭인 것입니다.

　예수님의 제자들이 시장하여 밀 이삭을 잘라 먹었다는 것은, 하나님의 자녀들을 제자들이 잘 양육하여, 결실을 맺게 하는 것이 제자들의 양식이 됨을 말씀하시는 것으로, 요한복음 4장34절에 예수님께서 "나의 양식은 나를 보내신 이의 뜻을 행하며 그의 일을 온전히 이루는 이것이니라." 하신 말씀과 같이, 예수님의 양식은 하나님의 뜻인 요한복음 6장39절에 "내게 주신 자 중에 내가 하나도 잃어버리지 아니하고 마지막

제4장 평강이 있는 안식하는 믿음

날에 다시 살리는 이것이니라.” 하신 말씀이, 예수님의 양식이듯 제자들의 양식 또한 같은 것입니다.

다시 말하면 하나님 아버지께서 주님께 맡기신 자들을, 복음의 진리로 살리는 것이 예수님의 양식이요. 제자들 또한 자신들에게 맡겨진 성도들, 즉 밀밭인 하나님의 아들들을 하나님의 진리의 사랑으로 먹여, 온전히 장성한 분량에 이르기까지 양육하는 것이, 제자들의 먹는 양식임을 말씀하시고 있는 것입니다. 오늘 우리들도 밀밭 사이로 다니며, 밀 이삭을 따먹는 것이 양식이 되어야하는 것입니다. 그런데 바리새인들은 이 광경을 보고 예수님의 제자들이, 안식일을 범한다고 예수님께 말하고 있는 것입니다.

마태복음 12장3~8절에 “예수께서 가라사대 다윗이 자기와 그 함께 한 자들이 시장할 때에 한 일을 읽지 못하였느냐. 그가 하나님의 전에 들어가서 제사장 외에는 자기나 그 함께한 자들이 먹지 못하는 진설병을 먹지 아니하였느냐. 또 안식일에 제사장들이 성전 안에서 안식을 범하여도, 죄가 없음을 너희가 율법에서 읽지 못하였느냐. 내가 너희에게 이르노니 성전보다 더 큰 이가 여기 있느니라. 나는 자비를 원하고 제사를 원치 아니하노라. 하신 뜻을 너희가 알았더면 무죄한 자를 죄로 정죄하지 아니하였으리라. 인자는 안식일의 주인이니라.” 말씀하셨는데, 오직 제사장들 외에는 먹어서 아니 되는 진설병을, 다윗왕이 먹은 사무엘서상 21장1~6절에, 다윗왕이 사울을 피하여 놉으로 도망하고, 그곳 제사장에게서 제사장만 먹을 수 있는 진설병을 얻어먹고, 또 자기를 따르면서 부녀를 가까이 하지 않은, 소년들에게도 먹게 한 일을 말씀하시고 있는 것입니다.

즉 진설병(아르토스, ἄρτους)은 이스라엘 12지파를 나타내는 것으로, 다윗 왕이 예수님의 예표임으로 진설병을 먹었듯이, 예수님께서는 실재 안식일의 주인이심으로, 살릴 자를 살리시는 역사를 이루신 것입니다. 그런데 바리새인들은 아직도 예수님을 메시아로 깨달아 보지 못하고, 율법에 매여 형식에 매달려 외식하는 자들임을 스스로 드러내고 있습니다. 그러므로 제사장이 안식일마다 주의 일을 열심히 하듯이, 다윗과 그의 일행이 성전 안에 있는 자들로서, 안식일에 진설병을 먹는 것이나, 예수님 안에 있는 제자들이 밀밭 사이로, 밀 이삭을 잘라 먹는 것은 잘못된 일이 아니라는 말씀인 것입니다.

요한복음 5장45절에 "내가 너희를 아버지께 고소할까 생각지 말라. 너희를 고소하는 이가 있으니 곧 너희의 바라는 자 모세니라." 하셨는데, 왜 모세가 저희를 고소합니까? 바로 율법을 제대로 깨닫지 못하고, 정죄하는 법으로 사용하기 때문입니다. 우리들도 정죄하는 법으로 율법을 사용하여서는 안 되는 것입니다.

마태복음 12장9~10절에 "거기를 떠나 저희 회당에 들어가시니, 한편 손 마른 사람이 있는지라. 사람들이 예수를 송사하려 하여 물어 가로되, 안식일에 병 고치는 것이 옳으니이까." 하고, 바리새인들과 서기관들이 예수님을 시험하고 있는데, 손 마른 자(케이라 에콘 크세란, χεῖρα ἔχων ξηράν)는 하나님께서 내게 영생의 말씀을 주셨는데, 감사하지 않는 자가 손 마른 자입니다. 그러므로 손 마른 자를 치료하는 것은 구원하는 생명으로서, 열매 맺는 영생으로 살리는 것입니다.

시편 106편15절에 "여호와께서 저희의 요구한 것을 주셨을지라도 그 영혼을 파리하게 하셨도다." 하셨으니, 손 마른 자는 또한 혈기가 마른 자로, 예수님의 피가 말라 진하다는 의미이며, 하나님께서 내게 주신 복을 깨달아 감사하는 자는 손이 펴진 자입니다.

그리고 "안식일에 병 고치는 것이 옳으니이까?" 송사하려 묻는 자는, 악한 궤계를 드러내는 악한 자임을 나타내는 것으로, 즉 자신들의 지식으로 율법을 판단하여 정죄하는 자들은, 자신들의 유익을 좇는 악의 역사를 대변하고 있는 것입니다.

마태복음 12장11~12절에 "예수께서 가라사대 너희 중에 어느 사람이 양 한 마리가 있어, 안식일에 구덩이에 빠졌으면 붙잡아 내지 않겠느냐. 사람이 양보다 얼마나 귀하냐. 그러므로 안식일에 선을 행하는 것이 옳으니라 하시고," 하셨는데, 본 절의 말씀은 안식일의 의미를 다시 한 번 설명하는 것으로, 안식일은 말씀으로 선을 행하는 날임을 말씀하고 있습니다. 즉 선한 일을 행하라는 말씀의 선은 "칼로스(καλῶς)"로, "아름답게, 훌륭하게, 탁월하게, 올바르게" 등의 뜻을 가지는 말이나, 본문은 하나님의 의로운 뜻을 이루는 것을 말하고 있는 것입니다.

즉 양은 성도들을 가리키는 의미로 양이 구덩이에 빠진 것은, 우리들이 사망의 음침한 골짜기에 다닐찌라도, 주께서 우리를 보호하심으로서 구덩이에 빠진 우리를 건져내시며, 또한 하나님의 종들이 빠져도 보호하여 건져내신다는 말씀입니다.

주일 또한 세상에 속한 사람들의 개념인 일요일만 주일이 아니라, 안식일의 주인인 예수님 안에서 안식하는 믿음의 사람들은, 월요일도 화요일도 수요일도 계속 주의 날이 되며, 주님이 구덩이에 빠진 주님의 양들을 살리는 일을 이루시는데, 충성되어지는 자녀가 빛의 자녀인 것입니다.

12절에 "안식일에 선을 행하는 것이 옳으니라." 하신, 선은 하나님의 뜻에 합당하게 생명을 살리는 것이 선인데, 자신이 스스로 하나님의 말씀대로 살려고 애쓰고, 수고하면 힘이 들고 무거운 짐이 되어지지만, 안식일의 주인이신 예수님 안에서 주인이신, 주님의 뜻대로 쓰임받는 도구로 사용되면, 내 영혼은 편히 쉼이 있고 매일 매일이 안식일이며, 선을 행하는 일에 성령으로 이끌림 받게 되어지는 것입니다.

마태복음 12장13절에서는 "이에 사람에게 이르시되 손을 내밀라 하시니, 저가 내밀매 다른 손과 같이 회복되어 성하더라." 말씀하고 있는데, 예수님께서 안식일마다 육신의 병을 고치는, 역사만을 말씀하시는 것이 아닙니다. 고린도전서 12장27절에 "너희는 그리스도의 몸이요 지체 각 부분이라."고 하셨습니다. 즉 우리가 지체라는 말씀은 주님의 몸 된 교회에, 우리들 각자가 구성원으로 한 몸을 이루게 하셔서, 서로 다른 은사로 협력하여 하나님의 선을 이루게 하시는 것을 말하는 것입니다. 그러므로 주님의 날인 안식일에 주님께서 계속, 손 마른 자를 치료하시는 것은 주님 안에서, 새 사람이 된 그리스도의 몸의 지체를, 주님 안에서 영혼들이 안식을 할 수 있도록, 치료하는 역사를 나타내는 말씀인 것인데, 주님이 병을 치료하는 것은 영적으로, 말씀을 잘못 받아서 영혼이 병든 부분을, 바로 잡아 고쳐서 하나님의 진리의 사랑 안에서, 영혼이 온전케 되게 하시는 것을 말하는 것입니다.

다시 말하면 13절에 "손을 내밀라."하시는 것은, 말씀에 따라 믿음으로 고침 받는 것으로, 다시 말하면 하나님의 백성인 양들이 하나님의 뜻을 깨닫지 못하여, 양과 같이 살고 있음으로 안식일 날에, 그들에게 양식인 말씀을 주어 하나님의 형상으로 지은, 하나님의 형상인 사람의 형상을 되찾아, 살게 하여주는 날이라는 말씀인 것입니다.

마태복음 6장3~4절에 "너는 구제할 때에 오른손이 하는 것을 왼손이 모르게 하여 네 구제함이 은밀하게 하라. 은밀하게 보시는 너의 아버지가 갚으시리라." 하셨는데, "오른손이 하는 것을 왼손이 모르게 하라."는 말씀은, 문자적으로 볼 때 사람의 몸이 지체로서, 오른손이 하는 것을 왼손이 모를 리가 없습니다. 우리 몸에 새끼 발가락 하나 아픈 것도 모든 지체가 다 아는데, 어떻게 오른손이 하는 것을 왼손이 모를 수가 있겠습니까? 그러므로 이는 이 말씀을 통하여 영적 진리를, 나타내고 있음을 깨닫게 하여주는 것입니다.

그럼 사무엘서상 25장19절 말씀을 봅시다. "소녀들에게 이르되 내 앞서 가라 나는 너희 뒤에 가리라 하고 남편에게는 고하지 아니하니라." 하였는데, 다윗 왕이 나발을 치러 갔을 때, 나발의 아내 아비가일이 남편에게 말하지 아니하고, 다윗 왕을 영접하러 갔습니다. 18절에 보면 보리떡 200덩이와 포도주 두 가죽부대와, 잡아서 준비한 양 다섯과 볶은 곡식 다섯 세아와, 건포도 100송이와 무화과 뭉치 200을 취하여 나귀에게 싣고 갔습니다. 왜냐하면 아내 아비가일은 다윗 왕이 자기 집에 온 뜻을 깨닫고, 하나님의 기름부음 받은 종인 왕임을 알고 있기 때문입니다. 그러므로 아비가일은 깨달은 자로서 오른손인 것입니다.

그러나 나발은 그것을 알지 못합니다. 나발은 깨닫지 못했음으로 왼손입니다. 즉 아비가일이 나발 모르게 다윗 왕에게 가는 것이, 오른손이 하는 일을 왼손이 모르게 하는 것입니다. 아비가일은 하나님이 하시는 일을 깨달아보고, 나발은 모

우리는 믿음으로 어떻게 구원에 이르고 의로운 자가 되는가?

르고 있다는 의미입니다. 오늘날도 하나님의 진리의 말씀을 깨닫고 있느냐, 깨달아 알지 못하느냐에 따라 오른손이냐 왼손이냐가 결정되는 것입니다.

사도행전 5장1~11절에 아나니아와 삽비라의 이야기 나옵니다. 아나니아는 성령 충만함을 받은 것 같았으나 사실은 왼손이었습니다. 그의 소유를 팔아 절반을 숨겼는데, 아내도 그것을 알면서 숨겼기 때문입니다. 예수님과 제자들의 관계도 똑 같은 것입니다. 예수님은 오른손으로 하나님 아버지의 뜻을 깨닫고 그대로 행하십니다. 마태복음 16장21절에 의하면 예수님은 예루살렘에 올라가서, 장로들과 대제사장들과 서기관들에게, 많은 고난과 핍박을 받고 죽을 것과, 제3일에 살아날 것을 제자들에게 가르치셨습니다. 그러나 예수님은 안식 후 첫날에 부활하셨지만, 제자들은 무덤에 와서 예수님의 시체만 찾습니다.

오늘 우리들도 예수 그리스도 안에서 그리스도와 함께, 자기의 옛 사람은 십자가에 죽어지고, 그리스도 안에서 새 피조물이 되었다면, 예수님이 주인이 되시는 것입니다. 예수님이 주인이 되면 예수님의 뜻이, 우리를 통하여 이루는 역사를 만나게 되고, 성령으로 말미암아 하나님의 진리의 영으로 하나님의 나라를 보게 됩니다. 그리고 진리의 말씀을 깨달아 그 말씀으로, 인도를 받을 때에 오른손이 되는 것이요. 오른손이 된 때는 하나님의 뜻을 깨달았음으로, 화목의 직분을 받게 되는 것입니다.

제4장 평강이 있는 안식하는 믿음

5 ▶ 베드로의 안식하는 신앙

  베드로의 안식하는 신앙은 사도행전 12장1~17절에서 말씀하여주시고 있는데, 베드로가 옥에 갇히기 전날에 먼저 갇혀 있던, 요한의 형제 야고보 사도가 헤롯왕에 의하여 처형당하고, 다음날 베드로 역시 군사들에게 잡혀 죽음을 당할 처지가 되었을 때인, 사도행전 12장6절에 "헤롯이 잡아내려고 하는 그 전날 밤에 베드로가 두 군사 틈에서 쇠사슬에 묶여 누워 자는데, 파수꾼들이 문 밖에서 옥을 지키더니," 말씀에서, 예수님 안에서 새 피조물이 된 베드로는, 자신의 죽음을 알고 있으면서 쇠사슬에 묶여서도, 태평하게 자고 있음을 보여주고 있는데, 바로 이러한 베드로의 신앙이 안식하는 믿음의 신앙인 것입니다.

  다시 말하면 내일 죽임을 당하는 일이, 자신의 일로서 염려하여 잠을 못자는 것이 아니라, 주님의 것이 된 베드로는 야고보 사도도 하나님께서 성령으로 순교케 하셨으니, 내일 자신에게도 주님께서 성령으로, 순교케 하실 것을 믿고 있기 때문에, 편안히 잠을 잘 수 있음을 보여주고 있는 것입니다. 왜냐하면 예수님께서 부활하셨듯이 자신도 죽지 않고 부활할 것을 믿고 있고, 또 순교로 죽은 후에는 더 좋은 부활로, 하늘의 영광에 이르게 될 것을 알고 있기 때문입니다. 그러므로 두렵거나 피할 이유가 없는 것입니다.

  마태복음 5장~7장에 예수님께서 허다한 무리들에게 하신 말씀이 아니라, 산에 오른 제자들에게 주신 말씀으로, 즉 예수님 안에서 새로운 피조물이 된, 안식의 신앙에 오른 제자들에게만 주신 말씀인데, 주님께서는 성령을 통하여 일하게 하

우리는 믿음으로 어떻게 구원에 이르고 의로운 자가 되는가?

심으로, 제자들에게는 책임질 자신들의 일이 없고 염려할 일
도 없는 것입니다. 따라서 요한복음 6장34절에 "그러므로 내
일 일을 위하여 염려하지 말라. 내일 일은 내일 염려할 것이
요. 한 날 괴로움은 그 날에 족하리라." 말씀하고 있는 것입
니다.

요한복음 4장46~53절에도 보면 전에 물로 포도주를 만들
던 가나에서, 왕의 신하의 아들이 가버나움에서 병이 들었는
데, 왕의 신하는 예수님이 아들이 있는 곳으로 내려오기를 바
랐으나, 50절에 의하면 왕의 신하가 예수님이 하신 말씀을 믿
고 가더니, 그 시각에 아들이 살아났다고 하고 있습니다. 그
러므로 오늘 많은 하나님의 역사들을 목회자나, 특별한 은사
를 받은 사람들이 하는 것으로 아는데, 그것은 잘못인 것입니
다. 예수님께서 하신 말씀을 믿으면 주님께서 하신 말씀대로
되는 것입니다. 약을 처방하고 안수기도를 할 것도 없이, 예
수님께서 "가라 네 아들이 살았느니라." 하신 말씀에, "아멘"
하고 믿고 가니 그대로 살아난 것으로, 바로 이와 같은 믿음
이 안식의 신앙인 것입니다.

또 창세기 12장1절에 "여호와께서 아브라함에게 이르시되
너는 너의 본토 친척 아비 집을 떠나 내가 네게 지시할 땅으
로 가라."는 말씀을 듣고, 아브라함은 "아멘"하고 하란 땅을
떠났습니다. 아브라함의 아버지의 데라와 가족들도 가나안 땅
으로 가고자, 갈대아 우르 땅을 떠나 육신의 좋은 땅, 하란에
서 잠시 머물고 있을 때, 하나님이 아브라함에게 하신 말씀입
니다. 아브라함은 그 말씀에 즉시 하란을 떠나서, 어디로 갈
지 모르는 가운데 하나님께서, 그때그때 인도하시는 길을 따
라 가다보니, 마침내 가나안 땅에 들어가게 되었던 것입니다.

제4장 평강이 있는 안식하는 믿음

　오늘날 우리들은 어떻게 살아야할까? 무엇을 하여야 할까가 중요한 것이 아니라, 주 예수님 안에 거하는 것이 중요한 것입니다. 그리고 주님의 말씀에 따라 순종하며 믿고 가는 것이 중요합니다. 예수님은 길이요 진리요 생명이시니, 주님과 내가 하나가 되면 주님께서 가신 길을 따라가게 되고, 그 길을 따라가다 보면 마침내 우리들도, 하늘의 가장 복된 영광을 입혀주시는, 공중혼인잔치 자리에 들어가게 되는 것입니다.

우리는 믿음으로 어떻게 구원에 이르고 의로운 자가 되는가?

6 사도 요한의 믿음과 안식하는 신앙

　사도 요한의 안식하는 신앙의 믿음은, 요한복음 13장3~5절에 예수님께서 최후의 만찬 저녁을 제자들과 함께 잡수시고, 자기가 하나님께로부터 오셨다가 하나님께로 돌아가실 것을 아시고, 대야에 물을 담아 제자들의 발을 씻기시고, 21절에 "너희 중 하나가 나를 팔리라." 말씀하심으로서, 제자들이 불안하여 서로 의심하고 있을 때, 요한 사도는 요한복음 13장 23절에 "예수의 제자 중 하나 곧 그의 사랑하시는 자가 예수의 품에 의지하여 누웠는지라." 말씀하심과 같이, 요한 사도는 주님의 사랑 안에 먼저 거하는, 제자가 되어 있음을 보여주고 있습니다.

　그러나 다른 제자들은 주님께서 사랑하는, 온전한 사랑 안에 거하지 못하고, 자신들의 열심으로 주님을 사랑하고 있습니다. 그리하여 자신들의 힘이 미약하고 나약해지면, 쓰러져 주님을 언제라도 놓아버릴 수 있고, 또 떠나갈 수도 있는 믿음의 자리에 있는, 인간적 사랑이 앞서 있는 제자들 이었습니다.

　따라서 예수님께서 "너희 중 하나가 나를 팔리라."는 말씀을 하실 때에, 사도 요한을 제외한 다른 사도들은 혹시 자신들이 아닐까 하고 걱정하였습니다. 그들 중 앞장서길 좋아하는 베드로는, 직접 "누구오니까?"하고 여쭈어 보고 싶었지만, 혹시 자신이 주님을 팔자로 지목을 받을까봐 두려워서, 예수님의 품에 누워있는 요한 사도에게, 눈짓으로 여쭈어 보도록 시켰습니다.

　사도 요한은 예수님의 가슴에 그대로 의지하여, "저들 가운

데 누구 오니까?” 물었는데, 요한 사도가 “누구 오니까?” 묻
는 것은, 사도 요한 자신은 주님을 파는 다른 제자들 중에,
속하지 않음을 보여주는 것입니다. 다른 제자들은 지옥을 가
도 자신은 지옥에 갈 염려도, 팔아먹을 염려도 없으니 “저들
중에 누구 오니까?”하고 물을 수 있는 것입니다. 바로 이러한
요한 사도의 믿음이 안식의 신앙인 것입니다. 그러므로 안식
의 신앙에 들어온 자들은 그리스도 안에서, 새 피조물이 되어
자신의 일은 쉬고 새로운 주인이 되시는, 주님의 역사에 따라
생명을 살리는 일을, 더욱 기뻐하고 찬송하는 삶을 살게 되는
것입니다.

우리는 믿음으로 어떻게 구원에 이르고 의로운 자가 되는가?

제 **5** 장

의로운 자의
믿음의 길

의로운 자의 믿음의 길

1 의로운 자 아벨의 믿음

의로운 자는 헬라어로 "디카이오스(δίκαιος)"인데, 신명기 6장25절에 "우리가 그 명하신대로 이 모든 명령을 우리 하나님 여호와 앞에서 삼가 지키면 그것이 곧 우리의 의로움이라 할찌니라." 말씀하심으로서, 우리들이 하나님의 모든 계명을 믿음으로 지킬 때, 의로운 자가 되어 하나님께로부터 의로운 자라, 칭함을 받을 수 있음을 깨닫게 하고 있습니다.

히브리서 11장4절에 "믿음으로 아벨은 가인보다 더 나은 제사를 하나님께 드림으로 의로운 자라 하시는 증거를 얻었으니 하나님이 그 예물에 대하여 증거하심이라. 저가 죽었으나 그 믿음으로써 오히려 말하느니라." 말씀하고 있는데, 이는 창세기 4장3~5절에 말씀을 인용한 말씀으로, 즉 아벨은 가인보다 더 나은 제사를 드렸다는 아벨(Ἄβελ)은, "공허, 호흡, 허탄"을 뜻하는 이름으로 양(촌, רֶאֹצ)치는 자였다 하였으니,

양치는 자는 제물을 키우는 자로 양뿐만 아니라, 여러 제물되는 가축을 기르는 자로서, 하나님의 말씀에 순종하는 종임을 말하고 있는 것입니다.

가인(Κάιν)은 농사하는 자(오베드 아다마, אֲדָמָה עֹבֵד)라 하였는데, "농사하는 자"를 직역하면 "땅의 노예, 땅을 섬기는 자"의 의미요. 또한 땅에 봉사하는 자로도 번역할 수 있습니다. 그러므로 세월이 지난 후에 가인은 땅(아마다, עֲבָד)의 소산으로, 제물(민하, מִנְחָה)을 삼아 여호와께 드렸습니다.

그런데 아벨이 양의(초노, צֹאנוֹ) 첫 새끼와 그 기름으로, 여호와께 드린 제사의 제물을 열납하셨다고 하였는데, 아벨이 양의 첫 새끼로 하나님께 드림은, 출애굽기 13장2절에 초태생인 첫 새끼는 하나님의 것으로, 하나님의 것을 하나님께 믿음으로 드림으로서, 아벨의 제물은 열납하신 것입니다.

그러나 가인은 땅(아마다, עֲבָד)의 소산으로 하나님께, 제사를 드렸더니 열납하시지 않았습니다. 즉 가인의 제물이 땅의 소산인 농산물로 드려서, 열납하시지 않으신 것이 아니라 믿음으로 드리지 않았기 때문에, 하나님께서 받지 않으신 것입니다.

다시 말하면 로마서 12장1절에 "너희를 권하노니 너희 몸을 하나님이 기뻐하시는 거룩한 산 제사로 드리라. 이는 너희가 드릴 영적 예배니라." 말씀하시고 있듯이, 우리 자신이 제물이 되어 드리는 하나님의 것을, 하나님께 되돌려드리는 제물이 되어야 하나님께서 열납하시는 것입니다. 그러므로 아벨은 산 제물(민하, הַמִנְחָם)로 순교의 신앙에, 번제제물의 믿음의 사람인 것입니다(히11:35). 그러므로 저가 죽었으나 믿음으로 본을 보임으로서 "그 믿음으로 오히려 말하느니라." 말하고

우리는 믿음으로 어떻게 구원에 이르고 의로운 자가 되는가?

있는 것입니다.

즉 아벨이 의로운 자라 칭함을 받았다는 것은, 하나님의 말씀에 순종하며 그의 뜻에 합당한 삶을 살았다는 뜻으로, 요한복음 4장23절에 말씀과 같이 "아버지께 참으로 예배하는 자들은 신령과 진정으로 예배할 때가 오나니 곧 이 때라 아버지께서는 이렇게 자기에게 예배하는 자들을 찾으시니라." 말씀하시고 있는 것인데, 아벨(Ἄβελ)은 하나님의 뜻에 합당한 신령과 진정으로 경배하고, 찬송하는 믿음의 아들이었음을 깨닫게 하는 것입니다.

그러나 가인(Κάιν)은 어떠하였습니까? 창세기 4장6절에 "여호와께서 가인에게 이르시되 네가 분하여 함은 어쩜이며, 안색이 변함은 어쩜이뇨." 하셨는데, 즉 가인이 분하여 안색이 변함은 자기의 욕심으로 제물(민하, מנחה)을 드린 것이요. 자신의 의로 자신의 생각대로 자신의 목적을 이루기 위하여, 드린 제사이기 때문에 분하여 한 것입니다. 자신의 것을 조금 드리고 더 많은 축복을 받으려 하였기 때문인 것입니다. 그러므로 우리는 하나님이 우리에게 주신 것을, 감사함으로 되돌려드리는 믿는 자의 감사로, 경배를 드려야 함을 말씀하시는 것입니다.

제5장 의로운 자의 믿음의 길

◆2 의의 후사가 된 노아의 믿음

　　노아(노아흐, נֹחַ)가 의의 후사가 되었다는 말씀은, 히브리서 11장7절에 "믿음으로 노아는 아직 보지 못하는 일에 경고하심을 받아 경외함으로 방주를 예비하여 그 집을 구원하였으니 이로 말미암아 세상을 정죄하고 믿음을 좇는 의의 후사가 되었느니라." 하신 말씀에 나타내셨는데, 창세기 6장9절에서도 노아는 의인이요. 당세에 완전한 자라 그가 하나님과 동행하였음을 말씀하고 있습니다.

　　따라서 노아가 의의 후사가 된 믿음은, 아직 보지 못하는 일에 경고하심을 받아 경외함으로 방주를 예비함이었는데, "노아는 아직 보지 못하는 일에"인 "노에 페리 톤 메데포 블레포메논(Νῶν περὶ τῶν μηδέπω βλεπομένων)"은, 창세기 6장13~20절에 하나님께서 땅에 강포가 가득함으로, 홍수로 심판하실 것을 노아에게 말씀하시며, 방주를 만들라고 명하실 때에 큰 비가 올 징조나, 그 어떤 의심할 근거가 없었으나, 노아는 그 말씀을 믿고 방주를 준비하였음을 말하는 것으로, 즉 노아가 "하나님의 경고함을 받았다."는 "크레마티스테이스(χρηματισθεὶς)"는, "계시를 받다, 응답을 받다."는 뜻인데, 루터(M. Luther)는 그가 신탁을 받았다고 번역하였으나, 이는 노아가 의심 하나 없이 하나님의 계시의 말씀을, 믿었음을 말하여주고 있는 것입니다.

　　다시 말하면 "경외함으로 방주를 예비하여 그 집을 구원하였으니,"의, "경외함으로"인 "율라베데이스(εὐλβηθεὶς)"는 존경하는 마음으로, 또는 두려워하는 마음을 뜻하는 것으로, 즉 요나서 3장5~9절에 의하면 니느웨 사람들은 요나의 경고를

우리는 믿음으로 어떻게 구원에 이르고 의로운 자가 되는가?

받았을 때, 두렵고 떨리는 마음으로 받아 왕에서부터 모든 백성들이, 굵은 베옷을 입고 힘써 여호와께 부르짖었음을 기록하고 있습니다. 노아 또한 하나님의 말씀을 두렵고 떨리는 마음으로 받아, 방주를 지어 그 집을 구원하였음을 말씀하시는 것입니다.

즉 노아가 "이로 말미암아 세상을 정죄하고, 믿음을 좇는 의의 후사가 되었느니라." 함은, 마태복음 7장21절에 "나더러 주여 주여 하는 자마다 천국에 다 들어갈 것이 아니요. 다만 하늘에 계신 내 아버지의 뜻대로 행하는 자라야 들어가리라." 하신 말씀과 같이, 하나님의 말씀대로 행하였음으로 믿음을 좇는, 의의 후사가 되었음을 깨닫게 하시는 것입니다.

요한복음 14장21절에서도 "나의 계명을 가지고 지키는 자라야 나를 사랑하는 자니 나를 사랑하는 자는 내 아버지께 사랑을 받을 것이요 나도 그를 사랑하여 그에게 나를 나타내리라." 하셨는데, "나의 계명을 가지고 지키는 자라야 나를 사랑하는 자라." 말씀하심은, 주님의 사랑을 바로 깨달은 자는 예수님을 사랑할 수밖에 없다는 뜻입니다. 주님은 우리들에게 인애의 무조건적 사랑을 베푸셨습니다.

누가복음 23장34절에 자신을 십자가에 매달아, 죽이는 자들에게까지 "아버지여 저를 용서해 주옵소서. 그들은 자기들이 하는 것을 알지 못하나이다." 하셨습니다. 그러므로 아버지의 이 사랑을 지키는 자는, 아버지 하나님께서 사랑하지 않을 수가 없는 것입니다.

예수님 또한 "나도 그를 사랑하여 그에게 나를 나타내리라." 하심도, 예수님께서 대속제물이 되신 자신의 사랑을 지키는 자는, 예수님이 하나님의 뜻을 대신 나타냈듯이, 예수님

제5장 의로운 자의 믿음의 길

을 나타내는 것이 됨을 말씀하시고 있는데, 버나드(J. H. Bernard)는 성도들뿐만 아니라 모든 제자들에게 있어서, 연속적인 영적 경험과 복종, 그리고 사랑의 생명은 주님의 현현을 보는 것이라고까지 말하였습니다.

우리는 믿음으로 어떻게 구원에 이르고 의로운 자가 되는가?

◆3 큰 용사 사사 입다의 믿음

사사 입다는 사사기서 11장1~2절에 길르앗이 기생에게서 낳은 아들로, 헬라어로 "이엡다에(Ἰεφθάε)"로 "그가 여신다. 사하여 주신다."의 의미를 뜻하는 이름으로, 그의 이복형제들에게 쫓겨나 돕 땅에서 살았으나, 얼마 후 암몬이 이스라엘을 치려하자, 이스라엘 장로들이 그를 큰 용사로 인정하여, 그를 장관으로 삼았습니다.

즉 입다를 장관으로 삼은 것은 이스라엘 백성이, 출애굽 하여 가나안 땅으로 향하여 갈 때에, 민수기 20장14~21절과 21장21~36절에 가데스에서 에돔왕과 모압왕에게, 그들의 땅을 지나가게 해 달라고 요청한 일이 있었습니다. 그러나 에돔왕과 모압왕은 이스라엘 백성들이 지나가기를 허락하지 않았습니다. 도리어 이스라엘 백성들을 멸하려고 야하스에 진을 쳤으나, 여호와 하나님께서는 시혼과 그들의 모든 백성들을 이스라엘에게 넘겨주셨습니다.

다시 설명을 하면 하나님께서 에돔 왕과 모압 왕을, 강팍하게 하여 이스라엘을 대적하게 함으로서, 그 땅을 이스라엘 백성들에게 주시기 위하여, 역사하셨던 것을 깨닫게 하시는 말씀인데, 사사기 11장21~24절에 "이스라엘 하나님 여호와께서 시혼과 그 모든 백성을 이스라엘의 손에 붙이시매 이스라엘이 쳐서 그 땅 거민 아모리 사람의 온 땅을 취하되, 아르논에서부터 압복까지와 광야에서부터 요단까지 아모리 사람의 온 지경을 취하였느니라. 이스라엘 하나님 여호와께서 이같이 아모리 사람을 자기 백성 이스라엘 앞에서 쫓아내셨거늘 네가 그 땅을 얻고자 하는 것이 가하냐. 네 신 그모스가 네게 주어

제5장 의로운 자의 믿음의 길

얻게 한 땅을 네가 얻지 않겠느냐. 우리 하나님 여호와께서 우리 앞에서 어떤 사람이든지 쫓아내시면 그 땅을 우리가 얻으리라." 말씀하신 대로, 사사 입다는 이스라엘이 암몬 백성들의 땅을 **빼앗은** 것이 아니라, 하나님께서 이스라엘에게 주신 그 땅을 주신 것을 깨닫고, 그 말씀에 따라 나아가는 믿음을 보시고 큰 용사라 말씀하신 것입니다.

그리고 사사기서 11장30~31절에서는 그의 믿음을 보여주고 있는데, "그가 여호와께 서원하여 가로되 주께서 과연 암몬 자손을 내 손에 붙이시면, 내가 암몬 자손에게서 평안히 돌아올 때에 누구든지 내 집 문에서 나와서 나를 영접하는 그는 여호와께 돌릴 것이니 내가 그를 번제로 드리겠나이다." 하여, 11장34~35절에서는 "입다가 미스바에 돌아와 자기 집에 이를 때에 그 딸이 소고를 잡고 춤추며 나와서 영접하니 이는 그의 무남독녀라. 입다가 이를 보고 자기 옷을 찢으며 가로되 슬프다 내 딸이여 너는 나로 참담케 하는 자요. 너는 나를 괴롭게 하는 자 중의 하나이로다. 내가 여호와를 향하여 입을 열었으니 능히 돌이키지 못하리로다." 하고, 그의 딸을 서원대로 하나님께 번제로 드렸음을, 성경은 기록하고 있으니 사사 입다의 믿음이, 오직 여호와 하나님께만 영광을 돌리는 신앙임을 보여주고 있고, 또한 이는 믿음으로 승리를 얻게 하시는, 하나님께 돌릴 영광을 가리우는 자가 무남독녀라도, 번제로 하나님께 드려 내게 영광을 돌리는 것을, 반가워하는 자신 속의 죄악 된 생각을 불사르겠다는, 입다의 큰 믿음을 나타내고 있는 것입니다. 그러므로 입다는 의로운 믿음의 큰 용사, 사사임을 깨닫게 하시고 있는 것입니다.

◆4 사사 삼손의 의로운 순종의 믿음

사사 삼손은 사사기서 13장5절에 "보라 네가 잉태하여 아들을 낳으리니 그 머리에 삭도를 대지 말라. 이 아이는 태에서 나옴으로부터 하나님께 바치운 나실인이 됨이라. 그가 불레셋 사람의 손에서 이스라엘을 구원하기 시작하리라." 하신, 하나님의 말씀에 따라 하나님께서 이미, 마노아 아내의 하나님의 뜻에 합당한 믿음을 보시고, 그를 통하여 삼손을 보내신 것입니다.

즉 삼손은 단지파 소라 출신인 마노아의 아들인 나실인으로 태어났는데, 삼손이란 이름은 히브리어로 "삼숀"이며, "태양과 같음, 또는 태양의 자녀"라는 뜻으로, B.C 1075~1065년경에 사역한 사사인데, 나실인이라 함은 요한복음 15장16절에 "너희가 나를 택한 것이 아니요. 내가 너희를 택해 세웠나니," 말씀하시고 있듯이, 마노아나 그의 아내가 삼손을 달라고 기도하여 낳은 아들이 아니라, 하나님이 택하여 보내신 아들임을 뜻하는 것입니다.

그리고 삭도를 대지 말라는 말씀은, 하나님의 말씀에 따르는 생명을 살리는 말씀의 지혜로, 믿음을 장성케 하여 담대케 한 말씀의 큰 힘으로, 불레셋 땅의 이방 신앙에 빠져 있는 하나님의 자녀들을, 구원하는데 사용함을 뜻하는 것으로, 다시 말하면 하나님의 생명의 말씀을 사람의 지식과, 그 어떤 아름다운 말이라도 섞거나, 변괴하지 않고 하나님의 뜻대로, 전하여야 함을 말씀하시고 있는 것입니다.

문자적 의미대로 삼손이 머리를 자르지 않아, 그 머리털이 길어 그것으로부터 힘을 얻어, 사자를 찢고 나귀의 턱뼈로 단

숨에 불레셋 사람, 삼천 명을 죽인 것으로 보면 안되는 것입니다. 머리털은 이사야 26장4절에 "너희는 여호와를 영원히 의뢰하라. 주 여호와는 반석이심이라." 하셨는데, 킹제임스 성경은 "주 여호와는 반석이심이라." 함을, "주 여호와 안에 영원한 힘이 있음이라." 번역함으로서, 복음의 진리를 따름으로서 주님 안에 거하게 될 때에, 큰 힘이 생김을 말씀하시는 것입니다.

느헤미야 8장10절에서는 "너희는 가서 살진 것을 먹고 단 것을 마시되 예비치 못한 자에게는 너희가 나누어주라. 이 날은 우리 주의 생일이니 근심하지 말라. 여호와를 기뻐하는 것이 너희의 힘이니라." 말씀하고 있는데, 여호와를 기뻐하는 것이 큰힘이 되는 것은, 하나님과 자신과의 관계를 하나님이 주시는 진리의 말씀으로 깨닫게 되니, 그것이 기쁨이 되고 담대하여 짐으로, 큰 힘을 갖게 되는 것임을 깨닫게 하시는 것입니다.

사도 바울도 갈라디아서 1장11~12절에서 "형제들아 내가 너희에게 알게 하노니 내가 전한 복음이 사람의 뜻을 따라 된 것이 아니라. 이는 내가 사람에게서 받은 것도 아니요. 배운 것도 아니요 오직 예수 그리스도의 계시로 말미암은 것이라." 함으로서, 바울 사도가 이방의 사도가 된 것이, 어떤 육체의 힘이나 사람의 능력으로 된 것이 아님을 말씀하고 있고, 고린도전서 2장7~8절에서도 비밀한 하나님의 지혜를 말씀하고 있습니다.

따라서 사사기서 14장5~9절에 삼손이 그 부모와 함께, 딤나에 내려가 포도원에 이르러, 어린 사자를 맞아 그 사자를 어린 염소 새끼를 찢듯 찢고, 얼마 후 그 사자의 죽음을 본

즉, 사자의 몸에서 벌떼와 꿀을 보고, 그 꿀을 취하여 먹고 그 부모에게도 주어 먹게 하였다 하였는데, 딤나의 포도원은 불레셋에 땅에 있는 포도원으로, 신명기 32장32~33절에 "그들의 포도나무는 소돔의 포도나무요. 고모라의 밭에 소산이라 그들의 포도나무는 쓸개 포도니 그송이는 쓰며 그들의 포도주는 뱀의 독이요. 독사의 악독이라." 말씀함에서 깨닫게 하시듯이, 딤나의 포도원은 불레셋 땅의 믿음으로 목회하는 교회를 말하는 것입니다.

그런데 딤나 포도원에서 삼손이 어린 사자를 맞았다는 것은, 베드로전서 5장8절에 "근신하라 깨어라 너희의 대적 마귀가 우는 사자와 같이 두루 다니며 삼킬 자를 찾나니," 말씀하심에서 깨닫게 하시는데, 불레셋의 딤나 포도원 교회는 하나님의 진리로 깨달은, 삼손에게 사자와 같이 대항하니 멸망의 길로 인도하는, 큰 교회임을 나타내고 있는 것입니다.

다시 말하면 우리의 구주요 메시아로 오신 예수님을, 하나님을 잘섬긴다는 대제사장들과 서기관들과 바리새인들이 십자가에 죽이셨습니다. 그리고 오늘날까지 순교의 역사를 보면 천주교에서 개신교도들을 죽였고, 또 육신적 믿음을 따르는 교인들이, 성령으로 이끌림 받는 성도들을 이단이라고 정죄하고 죽이는 일을 하는데, 요한복음 16장1~2절에 "내가 이것을 너희에게 이름은 너희로 실족치 않게 하려 함이니 사람들이 너희를 출회할 뿐 아니라, 때가 이르면 무릇 너희를 죽이는 자가 생각하기를 이것이 하나님을 섬기는 예라 하리라." 예언하셨는데, 불레셋 땅의 딤나 포도원이 하나님의 말씀을 잘못 깨달아, 참 복음과 진리의 말씀을 대적하고 있음을, 삼손을 사자가 맞고 있다고 말씀하고 있는 것입니다.

그리고 사사기서 14장8절에 사자의 몸에 벌떼와 꿀이 있다는 말씀에, 벌떼는 고린도전서 15장56절에 "사망의 쏘는 것은 죄요. 죄의 권능은 율법이라." 하셨으니, 우리 인간들은 하나님이 원하시는 하나님의 선은, 행하지 아니하고 악을 행함으로 괴로워하는데, 그 악을 행하는 것을 죄로 깨닫게 하는 것이 율법입니다. 따라서 우리들을 죄에서 건져내실 분이, 고린도전서 15장57절에 "우리 주 예수 그리스도로 말미암아 우리에게 이김을 주시는 하나님께 감사하라." 하고 있는데, 이김을 주시는 하나님께 감사하는 고백이 꿀인 것입니다.

다시 말하자면 사자 즉 사단에 속해있는 벌떼는 원죄를 나타내는 것으로, 우리들이 육신의 어머니 뱃속에서 아담의 후손으로, 태어날 때부터 죄악 가운데 태어나게 되는데, 바로 이것이 벌떼의 쏘는 것입니다. 그러나 우리는 하나님의 사랑의 은혜로 예수 그리스도 안에서, 성령을 통하여 영원토록 벌떼로 인하여, 감사함으로 찬송하며 경배하게 함으로서, 하늘의 의의 열매 맺는 삶이 되게 하시는 것입니다.

하나님은 언제나 우리들을 사랑하시기에, 우리들의 육신에 의지하여 살지 말고, 오직 성령의 이끌림 받아 하나님의 뜻에 합당하게 살도록 하기위하여, 원죄와 패역함과 같은 벌떼의 역사를 두신 것입니다. 우리들의 육신의 삶은 가시와 엉겅퀴와 같은, 죄의 열매만 맺게 됨으로 성령으로 이끌림 받아 살게 하시는 것입니다. 하늘나라에서는 성령의 삶만이 영생할 수 있기 때문인데, 성령으로 이끌림 받게 하는 역사가, 사자의 몸에 벌떼에서 꿀이 나오는 역사인 것입니다. 그러므로 삼손은 하나님의 이 오묘하고 깊은, 하나님의 사랑의 역사를 깨달음으로서, 의로운 사사의 순종의 삶을 살 수 있었던 것으로, 사사기 14장11~14절의 말씀을 더 보면, 11절에 "무리가 삼손을 보고 삼십 명을 데려다가 동무를 삼아 그와 함께 한지라." 하였는데, 즉 불레셋에서 뽑은 삼십 명은 삼손이 베푸는 잔치를, 진정으로 그 의미를 깨닫고 기뻐 참석한 것이 아니라, 끝까지 악한 마음을 가지고 대적하기 위하여 참석한 것입니다.

그러므로 12~14절에 삼손이 내기를 하는 것으로, 삼손의 수수께끼 문제는 삼손의 힘이나, 지혜를 자랑하기 위하여 낸 것이 아닙니다. 삭도를 대지 아니한 하나님의 진리의 말씀을 깨닫도록, 하나님의 지혜로 문제를 낸 것입니다. 그러나 불레셋의 지혜있는 삼십 인은, 그들의 지혜로 수수께끼를 풀려고 함으로서 풀 수가 없었던 것입니다.

즉 수수께끼는 14절의 말씀으로 "삼손이 그들에게 이르되 먹는 자에게서 먹는 것이 나오고, 강한 자에게서 단 것이 나왔느니라." 한, 먹는 자에게서 먹는 것이 나온다는 먹는 자는, 사자와 용의 역사 즉 사단의 역사를 가리키는 것으로, 아담과 하와가 사단인 뱀의 유혹을 받아, 선악을 알게 하는 실과를 따먹고, 지옥의 심판 아래 있게 한 것이 먹는 자의 역사입니다. 그런데 잡혀 먹힌 상태로 하나님께서 그대로 두셨습니까? 그렇지 않지요 하나님께서 창세기 3장21절에 가죽 옷을 입혀 다시 살리셨습니다.

히브리서 2장7절에 "저를 잠깐 동안 천사보다 못하게 하시며 영광과 존귀로 관을 씌우시며" 하셨고, 9절에서는 "오직 우리가 천사들보다 잠깐 동안 못하게 입은 자, 곧 죽음의 고난 받으심을 인하여 영광과 존귀로 관 쓰신 예수님을 보니 이를 행하심은 하나님의 은혜로 말미암아 모든 사람을 위하여 죽으심을 맛보려 하심이라." 말씀하시고 있음과 같이, 먹는 자에게 잠깐 동안 지옥의 심판 아래 있음을 통하여, 곧 다음 음식이 나오게 되는데, 이음식이 예수 그리스도로 말미암아 영원히 지옥갈 수 없는, 구원을 이루어주신 은혜를 끊임없이 기뻐하며, 찬송하는 것이 우리의 먹는 것이 나오는 것이 되는 것입니다.

다시 말하면 우리들이 사단에게 잡혀 먹히기 전에는, 자신의 의를 드러내어 나타나게 되어, 스스로 주님의 일을 열심히 하여 상급을 받았노라고 자랑하게 되고, 더 나아가 교만하여져서 사단이 된 천사장과 같이, 영원히 구원의 소망이 없는 자가 되어 버리는 것입니다. 그러나 사단과 마귀에 의하여 지옥의 심판 아래 있다가, 나아오게 되면 오직 하나님의 의만 찬송하게 되어, "나의 나 된 것은 하나님의 은혜로다." 고백하며, 하나님의 은혜와 사랑으로 구원하여 주신 것만 찬양을 하게 됩니다.

따라서 하늘나라에 가서도 아무리 많은 상급과 영광을 받아도, 하나님의 의만 찬양하게 되는 것이, 먹는 자에게서 먹는 것이 나온다는 말씀의 의미입니다. 결코 우리 자신의 의가 나타날 수 없게 역사하시는 것입니다. 오늘날 우리들이 이 세상에 살면서 연약함으로 인하여 죄를 짓지만, 예수님께서 죄사함의 피 흘리심으로서, 죄 사함의 은혜가 계속됨으로 더욱 예수님의 사랑 안에 거하게 되는 것입니다.

강한 자에게 단 것이 나온다는 말씀은, 요한복음 3장3~6절에 사람이 거듭나지 아니하면 하늘나라를 볼 수 없고, 물과 성령으로 나지 않으면 하늘나라에 갈 수 없으며, 육으로 난 것은 육이요. 성령으로 난 것은 영이라 하고 있습니다. 즉 육으로 난 것이란 예수님을 믿지 않는, 육신의 삶을 말하는 것이 아니라, 예수님을 구주 믿으나 육신의 신앙으로 믿는 것을 말하는 것입니다.

왜냐하면 우리의 육신의 원죄는 너무나도 강하여, 자신으로도 어찌할 수가 없어 죄만 내게 되는 것입니다. 그러므로 강한 자에 의지하여 인간이 열심히 일한, 믿음의 공적은 육으로 난 것입니다. 성경 말씀을 보아도 자신의 지혜로 연구하니 헛된 말씀이요. 주의 일을 열심히 하여도 자기의 열심일 뿐이요. 기도를 열심히 하여도 자신의 뜻대로 기도하여 응답받고 사니, 성령이 아닌 육으로 난 것임임을 깨닫게 하시는 것입니다.

성령의 역사는 하나님이 하시는 구원의 역사를 깨달아, 우리들이 먼저 예수님을 믿어서 구원하여 주신 것이 아니라, 하나님께서 은혜로 우리를 먼저 예수님을 통하여, 구원하여 놓으시고 불러 깨닫게 하셔서, 새 피조물이 되게 하셔야 하고, 그 다음으로 주께서 성령을 부어주셔서 성령으로 깨닫게 하시고, 성령으로 일하게 하고 기도하게 하고, 그 성령의 지혜로 성경 말씀을 깨닫게 하여, 말씀을 증거하게 될 때에 성령으로 난 것이 되는 것입니다.

그런데 오늘날 성령을 알지 못하는 자들이, 물세례를 받아도 성령을 받았다고 하고, 믿기만 하면 성령이 임한다고 하며, 또 기도로 구하기만 하면 성령이 임한다고도 합니다. 그러나 제아무리 신앙생활을 열심히 하여도, 성령을 받아 역사하는 교역자나 믿음의 장로들은 눈에 뜨이지 않습니다.

그러나 본문의 수수께끼의 비밀을 깨닫는 자는, 성령으로 깨닫게 하시는 말씀을 깨닫게 되는 것으로, 즉 강한 것은 우

제5장 의로운 자의 믿음의 길

리의 육신으로부터 나오는, 우리들의 욕망과 죄성을 말하는 것인데. 이를 다스리고 이를 이기게 할 수 있게 하는 것이, 바로 하나님의 사랑의 역사인 성령의 역사인 것입니다. 성령은 하나님께서 예수님께 주셨고, 예수님은 합당한 믿음의 종들에게 선물로 부어주시는 것으로, 우리의 죄의 몸을 거룩하게 하는 성령만을 의지하여, 성령으로만 이끌림 받게 하여 하늘나라에서, 영원히 누릴 영광을 받도록 복된 자로 인도함 받게 하는 것입니다.

따라서 본 수수께끼를 하나님의 지혜로 깨달으면, 베옷과 겉옷을 입게 되는 것입니다. 즉 베옷을 입는 다는 것은 본문의 수수께끼를 깨달음으로서, 회개가 됨으로 회개를 위하여 입는 옷이요. 겉옷은 우리에게 죄를 두신 목적을 깨달음으로서, 죄악을 이기는 자가 됨으로 승리하는 자가 입는 옷이, 겉옷이기에 겉옷을 입혀 줄 것을 말하는 것인데, 엘리사 선지가 엘리야 선지자가 승천하며, 떨어뜨린 겉옷을 입은 것과 같은 의미로, 삼손 또한 나실인으로 의로운 하나님의 사사임을 깨닫게 하시고 있는 것입니다.

우리는 믿음으로 어떻게 구원에 이르고 의로운 자가 되는가?

5 의의 평강의 열매

의의 평강의 열매는 히브리서 12장11절에 "무릇 징계가 당시에는 즐거워 보이지 않고 슬퍼 보이나 후에 그로 말미암아 연달한 자에게 의의 평강한 열매를 맺나니," 하신 말씀에 나타내고 계신데, "무릇 징계가 당시에는 즐거워 보이지 않고 슬퍼 보이나," 함의, "슬퍼 보이나"인 "에이나이 알라 뤼페스(εἶναι ἀλλὰ λύπης)"는, 인간들의 보편적인 마음을 표현하고 있는 것인데, 징계를 받을 당시에는 어려움이 따름으로, 괴로움으로 즐거움이 없고 슬픔이 있게만 보인다는 뜻입니다.

그러나 "후에 그로 말미암아 연달한 자에게 의의 평강한 열매를 맺나니," 하셨는데, "연달한 자에게,"인 "토이스 게검나스메노이(τοῖς γεγυνασμένοις)"는 몸과 마음을 연단함을 의미하는 것으로, 욥은 욥기서 23장10절에 "나를 단련하신 후에는 내가 정금같이 나오리라." 말씀하고 있는데, 이는 막힘없이 익숙하게 통한다는 뜻으로, 정금과 같은 믿음의 성도는 "의의 평강한 열매를 맺나니," 하신 말씀과 같이 열매를 맺게 하기 위한 것입니다.

즉 "의의 평강한 열매"는 "카르폰 에이레니콘 디카이오쉬네스(καρπὸν εἰρηνικὸν....δικαιοσύνης)"로, 하나님이 주신 하나님의 계명을 하나님의 뜻에 합당하게 지켜, 하나님과 하나님의 자녀들을 서로 화평하게 하는 역할로, 우리 인간들이 범죄할지라도 그 은총을 빼앗지 아니하고, 채찍과 막대기로 때려서까지 바로 세우는 역사를 깨닫고, 믿음 안에 있게 하고 그 말씀을 증거하게 하여, 계속 하나님 안에 거하게 이끌어주는 자가 될 때에는, 의의 평강한 열매를 맺게 되는 것입니다.

사무엘서하 7장14~16절에 "나는 그 아비가 되고 그는 내 아들이 되리니 저가 만일 죄를 범하면 내가 사람 막대기와 인생 채찍으로 징계하려니와 내가 네 앞에서 폐한 사울에게서 내 은총을 빼앗은 것같이 그에게서는 빼앗지 아니하리라. 네 집과 네 나라가 네 앞에서 영원히 보전 되고 네 위가 영원히 견고하리라 하셨다 하라." 하셨는데, 다윗을 계시 기관으로 오늘 우리들에게 하시는 말씀으로 받을 때, 하나님의 말씀이 되는 것입니다.

다시 말하면 사무엘서하 7장14절에 "나는 그 아비가 되고 또 그는 내 아들이 된다." 하셨는데, 이는 하나님께서 나단 선지자를 통하여 다윗에게 전하라고 하신 말씀입니다. 즉 다윗에게 하나님은 아버지가 되고 다윗은 하나님의 아들이 된다는 말씀인 것입니다. 하나님의 아들이 된다는 것은 평강을 가진 자로, 다윗이 잘못을 하여도 은총을 빼앗지 않는 것입니다. 비록 채찍으로 때려 아픔은 주겠지만, 버리지 않겠다는 말씀으로 끝까지 사랑하시는, 하나님의 사랑을 나타내시는 말씀입니다. 그러므로 하나님이 아버지가 되고 그가 하나님의 아들이 되면, 범죄 하였어도 나라를 빼앗지 않고, 왕위도 박탈하지 않으며 은총도 거두지 않습니다.

그러나 사울 왕이 범죄했을 때는 모든 것을 빼앗았습니다. 왜 사울에게서는 모든 것을 빼앗을까요? 사울은 하나님이 그에게 왕으로 정하시지 않았습니다. 이스라엘백성들이 원하여 왕이 될 때 기름병으로 기름부음을 받았습니다. 그러나 다윗 왕은 하나님의 뜻에 따라 왕이 되었고, 기름뿔로 기름부음을 받았습니다. 즉 다윗은 하나님이 쓰시는 하나님의 사람이었던 것입니다. 그러므로 결국 이스라엘은 사울로 말미암아, 유다 지파를 떠나 북쪽으로 가서 망하게 됩니다. 하지만 다윗에 속한 유다는 기업이 계속되어, 요셉에까지 이르고 마리아를 통

우리는 믿음으로 어떻게 구원에 이르고 의로운 자가 되는가?

하여 예수님이 오시게 되었습니다.

다윗의 기업은 왕손으로 오늘도 예수 안에서 하늘의 별과 같이 계속되고 있습니다. 우리들에게도 다윗의 기업이 있으면 왕권 성도요. 왕이 되는 것입니다. 예수님이 만왕의 왕이시듯 우리들도 왕이 되는 것입니다. 즉 천년왕국에서 왕 노릇하게 됨을 말씀하는 것으로, 예수님이 재림하실 때에 첫째부활에 참여하여, 신부로 예수님을 맞이하는 영광도 있는 것입니다. 물론 우리에게 예수님 재림 전에 환란이 있습니다. 이 환난 기간에 순교의 과정을 거치게 됩니다. 따라서 다윗의 기업이 있는 자에게는 환란이 임하기 전, 성령시대에 하나님께서 진리의 사랑으로 순교의 믿음으로 올라서게 하십니다.

따라서 평안케 하는 자로서 누리는 아들의 복은 특별하고 귀한 복입니다. 사울 왕도 아들은 아들이지만 다윗과 같은 아들은 아닙니다. 다윗은 하나님의 아들로서 이기는 자만, 그와 같이 됨을 보여주고 있습니다(계21:7). 우리는 대부분 예수님을 믿으면 모두 하나님의 아들이라고 말하는데, 여기서 말하는 아들은 영이 길러져, 장성한 자의 자리에 올라선 아들을 의미하는데, 예수 그리스도의 분량으로까지 자란 사람을 말하고 있는 것으로, 예수 그리스도의 분량으로 까지 신앙이 자란 사람은, 또 예수 그리스도의 분량에 이르는 믿음을 증거하여, 그 믿음에 이르게까지 키우게 되는데, 예수 그리스도의 분량의 믿음에 이르기까지 신앙을 자라게 키울 때, 의의 평강의 열매를 맺게 되는 것입니다.

제5장 의로운 자의 믿음의 길

제 6 장

잘못된 의로운 자의 믿음의 길

잘못된 의로운 자의 믿음의 길

1 ▶ 바리새인들의 잘못된 믿음

바리새인은 헬라어로 "파리사이온($\Phi\alpha\rho\iota\sigma\alpha\acute{\iota}\omega\nu$)"으로, "분리주의자" 즉 부정한 일들로부터 성별되었거나, 산헤드린에서 추방되었다는 의미에서 해석되기도 하고, "해설자"라는 뜻으로 구전하는 율법을 성서로, 해설하는 사람이라는 뜻으로 쓰이고 있습니다. 그러나 히브리어 "페루심"과 관련시켜 "분리주의자"들의 의미로 알려지게 되었다고 합니다.

바리새인들은 대부분 사회 중간계급으로 구성되어졌으며, 종교의 한 종파로서 사회에서 강력한 위치를 차지하고 있었고, 이들의 역사상 등장은 힐카누스와 갈등이 있던 때라고도 하나, 요세푸스는 요나단 시대(BC 160~143년)에 존재하고 있었다고 하고 있습니다. 그런데 이 바리새인들은 3세기 동안 많은 영향을 끼쳤고, 이들의 정신적 계통을 찾아보면 핫시딤으로 거슬러 올라가, 핫시딤의 독립투사인 마카비를 지지함으로서, 자유를 향한 그들의 노력에 종교적 뒷받침이 되었다고 합니다.

즉 바리새인들에 관하여 예수님께서 마태복음 23장1~28절에서 말씀하고 있는데, 서기관과 바리새인들이 모세의 자리에 앉았으니, 저희의 말하는 바는 행하고 지키되 저희의 행위는 본받지 말라 하셨고, 또 겉으로는 옳게 보이되 안으로는 외식과 불법이 가득하다고 말씀하고 있습니다. 그러므로 우리에게 외식하지 말라는 말씀으로, 우리의 믿음에 외식하는 행위가 있어서는 안 된다는 것입니다.

그럼 우리가 외식하는 것이 무엇이겠습니까? 마태복음23장 13절에 "화 있을진저 외식하는 서기관들과 바리새인들이여 너희는 천국문을 사람들 앞에서 닫고 너희도 들어가지 않고 들어가려 하는 자도 들어가지 못하게 하는도다." 말씀하고 있는데, "외식한다."는 "휘포크리타이(ὑποκριταί)"는 "위선자, 가장하는 자,"를 의미하는 말로, 겉으로만 경건한 체하는 교만한 마음을 가지고, 인위적으로 행하는 것들을 지적한 말입니다.

다시 말하면 마태복음 23장6~7절에 "잔치의 상석과 회당의 상좌와, 시장에서 문안 받는 것과 사람에게 랍비라 칭함을 받는 것을 좋아하느니라." 하신 말씀과 같이, 즉 잔치의 상석과 회당의 상좌는, 잔치 집과 회당에서 가장 권위 있는 자리이나, 영적으로 하나님의 진리로 연합되게 하는 자리를 말하는 것입니다. 그런데 바리새인들과 서기관들은 진리를 논함에 있어서, 자기들의 슬기와 총명과 지식을 우위에 내세워 말하는 것을 말씀하시는 것입니다.

　시장에서 문안 받는 것은 많은 사람들로 존경을 받는 표시이며, 랍비라 칭함을 받는다 함은 위대한 사람임을 드러내는 표현을 말하는 것입니다. 즉 일반 백성들이 순진하고 겸손한 순종으로 의를 이루려는 것을, 자신들의 법과 행위로 행하게 함으로서, 자신들을 나타내 보이고 세속적 영광을 얻을 목적으로, 문안과 랍비라 불리기를 좋아하였다는 것입니다.

　그리고 바리새인들과 서기관들이 천국문을 닫고, 너희도 들어가지 않고 들어가려 하는 자도, 들어가지 못하게 한다는 말씀은, 그들은 천국문 자체를 봉쇄하여 사람들의 천국행을, 가로막고 있는 자들이라는 뜻입니다. 즉 바리새인들과 서기관들은 하나님의 계명인 율법을, 잘못 해석하여 가르침으로서 사람들로 하여금, 하나님의 근본 목적에 떠난 삶을 살도록 이끌었고, 자신들 또한 하나님과 멀어지는 삶을 살고 있다는 말씀입니다.

　바리새인들은 자기들이 율법을 지킴으로서, 그것이 의가 되어 구원에 이른다고 생각합니다. 그러므로 예수님의 구원을 믿지 않고 하나님을 섬기는데, 다른 사람들보다 더 열심히 섬기고 기도도 거룩하게 합니다. 즉 바리새인들은 자기들의 행함으로 율법을 지켜 의인이 된다고 믿고 있습니다. 하지만 구원은 하나님께서 은혜로 예수 그리스도로 이루신 것이며, 그 예수 그리스도를 구주로 영접하여, 하나님의 말씀에 합당하게 믿을 때에, 생명과를 먹여주시어 구원에 이르게 하는 것입니다.

　그런데 바리새인들은 오늘날도 예수님을 구주로 믿지 아니하고, 자신들이 하나님의 말씀을 지켜 의로운 자가 됨으로서, 구원에 이르게 된다고 믿고 있는데, 오늘날도 사람들이 바로 교회 안에서, 육신적 의로운 행위로 구원을 받는다고, 육신적으로 믿는 자들이 외식하고 있음을 말씀하고 있는 것입니다. 우리들이 신앙생활을 하다가 주저앉는 경우가 바로 여기에 있습니다. 주님을 믿고 주님의 말씀을 따르면 전능하신 예수님의 말씀이, 우리 심령 속에 믿음으로 거하시기 때문에, 그 말씀이 우리를 사로잡아 이끌어가게 되는 것입니다.

다시 말하면 보혜사 성령을 우리에게 보내주셔서, 예수님의 말씀대로 우리에게 이루시는 역사가 분명히 나타나게 하십니다. 그러면 체험을 통하여 살아서 역사하시는 하나님을 만나게 되고, 기쁨으로 감사하는 찬송과 경배가 자연히 흘러나옵니다. 그러나 무엇인가에 신앙이 병들어가고 나약해지는 징조가 보이면, 바리새인의 믿음에 취한 것과 마찬가지인데, 이는 외식하고 자기 힘으로 신앙생활을 하기 때문인 것입니다.

자기의 수고와 의지로 무거운 짐을 지고 신앙생활을 하면, 결국 한계에 도달하고 하늘나라의 영광을 입혀주시는 열매 맺는, 더 좋은 부활의 믿음에 이르지 못합니다. 누가복음 1장34절과 37절 말씀에 마리아가 "나는 사내를 알지 못하니 어찌 이 일이 있으리이까. 대저 하나님의 모든 말씀은 능치 못하심이 없느니라." 하는 믿음으로 말미암아, 가브리엘 천사를 통하여 주신 말씀대로 그대로 응해졌습니다. 성령으로 처녀의 몸에서 잉태가 되어서 예수님이 태어남으로, 마리아가 믿은 믿음의 열매가 나타나게 된 것입니다.

그러나 병든 자들도 많습니다. 그런데 병든 자들이 아무리 기도를 많이 하여도 병이 낫지 않습니다. 왜 낫지 않겠습니까? 믿지 않기 때문입니다. "나는 치료하는 하나님이다." 말씀하실 때 "아멘!"하고 믿으면 낫는 것입니다. 즉 "믿는 자에

게 이런 표적이 따르리니 내 이름으로 귀신을 쫓으며 병든 자
에게 손을 얹은즉 나으리라.”하신 말씀을 믿으면, 어떤 병도
낫는 것입니다. 믿지 않음으로 낫지 않는 것입니다. 말씀만
믿으면 암도 치료가 됩니다. 그러므로 하나님의 뜻에 합당한
믿음이 있느냐? 없느냐에 따라, 이루어지고 안 이루어지고 하
는 것입니다. 전도도 주님의 말씀을 믿음으로 기도하면서, 성
령의 인도함을 받아 말씀대로 하면 됩니다.

그런데 “어찌 저 같은 사람이 박사에게 전도할 수 있어요.
저는 못합니다.” 라고 하면, 이것은 자기 힘으로 하려고 하는
것입니다. 또 하기는 하는데 자기 힘과 자기 지식으로 하기
때문에, 예수님을 영접하는 역사가 나타나지 않습니다. 마태
복음 16장11절에 “오직 바리새인의 누룩과 사두개인의 누룩
을 조심하라.” 하신 말씀도, 오늘날 우리의 신앙생활에서 믿
음으로 하지 않고, 자기 힘이나 지식으로 행하는 것이, 많기
때문에 말씀하시는 것입니다.

마태복음 7장26절에 내 말을 듣고 행치 않는 자는, 모래 위
에 집을 지은 것과 같다는 말씀도, 자기는 열심히 주의 일을
많이 하긴 하는데, 누룩으로 한 것으로 그 기초가 모래인 것
입니다. 이는 사람의 지식과 의지로 한 것임을 보여주는 것입
니다. 그러므로 마태복음 7장25~27절에 “비가 내리고 창수
가 나고 바람이 불어 그 집에 부딪히되 무너지지 아니하나니
이는 주추를 반석 위에 놓은 연고요 나의 이 말을 듣고 행치
아니하는 자는 그 집을 모래 위에 지은 어리석은 사람 같으리
니 비가 내리고 창수가 나고 바람이 불어 그 집에 부딪히매
무너져 그 무너짐이 심하니라.”하신 말씀처럼 집이 무너지게
됩니다. 그러나 반대로 반석위에 지은 집은 말씀대로, 성령으

제6장 잘못된 의로운 자의 믿음의 길

로 이루시기 때문에 감사함으로 찬송하게 되는 것입니다.

따라서 자기가 안수할 때나 내가 안수를 할 때는 안 되는 것입니다. "병든 자에게 손을 얹으라. 그리하면 나으리라." 하신, 주님의 말씀을 믿고 손을 얹으면, 주님의 말씀대로 성령으로 낫게 하시니까 낫는 것입니다. 우리에게는 아무 능력도 힘도 없습니다. 오직 주님을 믿음으로 주님께서 성령으로 역사하여 낫게 하시는 것입니다. 그런데 오늘날은 믿음이 없는 고로, 열매 맺는 역사가 적은 것으로 바리새인의 외식하는 믿음이 들어갔기 때문인데, 이들의 신조와 교리를 요약하여보면 다음과 같습니다.

(1) 바리새인들은 하나님의 목적에 의하여, 역사가 통제되고 지배된다고 믿었습니다.

(2) 바리새인들은 사람들이 이 세상에서 행한 대로, 미래의 세상에서 상급이나 형벌을 받는 다고 믿었습니다.

(3) 바리새인들은 고도로 발달한 천사론을 가지고 있었습니다.

(4) 바리새인들은 스스로 천사를 통한 하나님과 밀접한 관계를 가지는, 참된 경건한 선민임을 자처하였고, 메시아 시대에 죽은 사람들이 부활하여, 이 지상에서 영광을 나누리라 믿었습니다.

(5) 바리새인들의 메시아관은 지상에 영광스런, 다윗 왕국을 완성하는 정치적 메시아요. 영광의 메시아였습니다.

따라서 바리새인들은 율법주의자들로서 기록된 것이든, 구전이든, 율법을 가르치고 해석하여 일상적으로 적용함으로서, 종교를 민주화시켰고 일반백성들 가운데서, 인격적으로 활동하게 할 수 있었습니다. 그런데 율법주의는 곧 형식주의가 되

우리는 믿음으로 어떻게 구원에 이르고 의로운 자가 되는가?

게 하였고, 형식주의는 외형주의와 비현실적인 외식을 낳고 말았습니다. 그러므로 그들의 주장은 자연히 예수 그리스도와 충돌할 수밖에 없었습니다(마6:2,23:3,23:13,16:22,23등).

그리고 마태복음 3장7절에 "독사의 자식들아 누가 너희를 가르쳐 임박한 진노를 피하라 하더냐." 하셨는데, 마태복음 23장33절에서도 "뱀들아 독사의 새끼들아 너희가 어떻게 지옥의 판결을 피하겠느냐."하고 책망하셨습니다. 다시 말하면 바리새인들과 서기관들의 믿음의 상태를 나타내는 표현으로, 너희들이 진정으로 돌이키지 아니하면, 심판을 피할 수 없음을 경고하는 말씀으로, 마태복음 3장8~9절에 "그러므로 회개에 합당한 열매를 맺고 속으로 아브라함이 우리 조상이라 생각지 말라. 내가 너희에게 이르노니 하나님이 능히 이 돌들로도 아브라함의 자손이 되게 하시리라." 하신 것으로, 회개의 합당한 열매(카르폰 악시온, καρπὸν ἄξιον)는 하나님의 뜻에 따른 하늘에 합당한 열매로, 누가복음 3장8절과 병행구절로, 누가복음 3장11~14절을 보면 "옷 두벌 있는 자는 옷 없는 자에게 나눠줄 것이요. 먹을 것이 있는 자도 그렇게 할 것이니라 하고 세리들도 세례를 받고자하여 와서 가로되 선생이여 우리는 무엇을 하리이까 하매 가로되 정한 세 외에는 늑징치 말라하고 군병들에게는 사람들에게 강포하지 말며 무소하지 말고 받은 요를 족한 줄로 알라 하니라." 말씀하셨습니다.

즉 두 벌 옷 가진 자는 없는 자에게 나누어 주고, 음식물을 가진 자도 나누어 주고, 세리들은 정해진 것 외에는 더 거두지 말 것이여, 병사들도 아무도 억압하지 말고, 거짓되게 고소하지 말며, 받는 급료로 만족하라는 것입니다.

그리고 "속으로 아브라함이 우리 조상이라고 생각지 말라."

제6장 잘못된 의로운 자의 믿음의 길

하심의, 속으로(ἐν ἑαυτος)는 "너희들 자신 안에"라는 뜻으로, 바리새인들과 서기관들은 종교적 신분적 특권 의식을 가지고 있었는데, 갈라디아서 4장22~31절에 하나님의 약속을 따라, 아브라함과 자유인 사라에게서 난 이삭의 후손임을 자랑하였습니다. 그런데 예수님을 보고도 메시아임을 알아보지 못하였습니다. 아브라함은 요한복음 8장56절에서 나의 때 볼 것을 즐거워하다가 보고 기뻐하였다고 하였는데 말입니다. 따라서 로마서 3장9절에 "유대인이나 헬라인이나 다 죄 아래 있다고 우리는 이미 선언하였느니라." 말씀하고 있는 것입니다.

또 "하나님은 능히 이 돌들로도 아브라함의 자손이 되게 하시리라." 하시고 있는데, 이 돌들로도(에크 톤 리돈 투톤, ἐκ τῶν λίθων τούτων)는 하나님께서 보내신 예수님께서, 즉 베드로전서 2장5절에 "너희도 산 돌 같이 신령한 집으로 세워지고 예수 그리스도로 말미암아 하나님이 기쁘게 받으실 신령한 제사를 드릴 거룩한 제사장이 될찌니라." 하심처럼, 예수님의 말씀을 믿고 받는 자는, 아브라함의 자손이 된다는 말씀입니다.

마태복음 23장23~24절에서는 십일조에 관하여 말씀하고 있는데, "화 있을진저 외식하는 서기관과 바리새인들이여 너희가 박하와 회향과 근채의 십일조를 드리되 율법의 더 중한 바 의와 인과 신은 버렸도다. 그러나 이것도 행하고 저것도 버리지 말아야 할지니라. 소경된 인도자여 하루살이는 걸러내고 약대는 삼키는도다." 말씀하고 계신데, 박하와 회향과 근채의 십일조는 눈에 보이는 십일조를 말하는 것으로, 박하(헤뒤오스몬, ἡδύοσμον)는 향기롭고 달콤한 향내가 나는 식물이요. 회향(아네돈, ἄνηθον)은 양념의 향료로 쓰이는 식물이며, 근채(쿼미논, κύμινον)도 향기가 짙은 식물로 약용이나 양념으로 사용하는 식물입니다. 그런데 이들 중 십일조의 대상은 회향뿐이며, 다른 것들은 대상이 아니었습니다. 따라서 바리새인들과 서기관들이 박하와 회향과 근채까지 바친 것은, 자신들의 외적 믿음을 나타내기 위한 것임을 보여주고 있는 것입니다.

그런데 바리새인들은 눈에 보이지 않는 진실한 마음의 믿음보다, 율법이 더 중한바 의와 인과 신을 버렸으니, 즉 의(크리신, κρίσιν)는 공의로 공평한 판단, 정의, 율법의 계명 등을 가리키나, 진정한 의는 하나님의 의를 말하는 것이요. 인(엘레오스, ἔλεος)은 긍휼히 여기는 자비한 마음을 나타내고, 신(피스틴, πίστιν)은 믿음으로 하나님과의 관계에서, 인간과 하나님과의 신앙의 확신을 가리킵니다. 그러므로 우리들이 믿음으로 그리스도의 것이 되었을 때, 십일조도 받으시는 것입니다.

그리고 "하루살이는 걸러내고 약대는 삼키는도다." 하시는 말씀은, 서기관과 바리새인들이 율법이나 전승에 사소하고 하찮은 부분까지, 남들에게 가르치는 것을 뜻하는데, 이런 그들의 행동이 얼마나 위선적인가를 표현하시고 있는 말씀입니다. 그러므로 우리들은 믿음으로 자유하는 율법 아래, 하늘나라의 소망을 바라보고 거기에 합당한 영광을 더하게 하시는, 하늘나라의 소망으로 열매 맺게 하는, 성령으로 이끌림 받는 믿음의 삶을 살아야 하는 것입니다.

제6장 잘못된 의로운 자의 믿음의 길

◆2 사두개인의 잘못된 믿음

　사두개인의 믿음은 사두개인들의 믿음사상을 말하는 것인데, 사두개인(샷두카이온, Σαδδουκαῖος)은 다윗 왕과 솔로몬 왕 시대의 대제사장 사독에게서 유래한 말이라고 하며, 그 의미는 "고결한, 공정한, 또는 의로운"을 뜻하나, 역사적 유래는 확실한 문서들이 없어 확실하지는 않습니다. 다만 헤롯대왕이 아나넬(Ananel)을 대제사장으로 임명한 때부터, 예루살렘 성전이 파괴될 때까지 107년간 28명의 대제사장이 있었는데, 그 중 "하난 벤 하난"만이 사두개인 이었습니다. 그러나 사두개인들은 수적으로 바리새인들과 비교할 수 없이 적었으나, 정치적으로나 종교적으로 막대한 영향력을 끼쳤습니다.

　마가복음 12장18~19절에 "부활이 없다는 사두개인들이 예수께서 물어 가로되, 선생님이여 모세가 우리에게 써 주기를 사람의 형이 자식 없이 아내를 두고 죽거든 그 동생이 그 아내를 취하여 형을 위하여 후사를 세울찌니라." 함에서 나타나듯이, 즉 사두개인의 믿음은 부활을 믿지 않았고, 사도행전 23장7~8절에 "그 말을 한즉 바리새인과 사두개인 사이에 다툼이 생겨 무리가 나누이니, 이는 사두개인은 부활도 없고 천사도 없고 영도 없다 하고 바리새인은 다 있다 함이라." 말씀하심에서는, 천사도 없고 영도 없다는 믿음으로 하늘나라를 생각하지 않았습니다. 그런데도 하나님을 열심히 섬깁니다.

　다시 말하면 사두개인들이 영이 없다는 것은, 하나님을 섬길 때 부활을 부정하거나, 무식하여 알지 못하는 것이 아니라, 부활의 믿음인 부활의 소망을 가지고 살지 않는다는 말입니다.

우리는 믿음으로 어떻게 구원에 이르고 의로운 자가 되는가?

하나님이 이루시는 영적인 세계보다는 현세적인 이 땅에서, 눈에 보이는 세계에서 복 받고 잘살기를 바라는, 현실적인 축복을 최고의 신앙으로 믿고 사는 사람들입니다. 이것이 사두개인의 믿음의 가르침입니다. 오늘날도 사두개인의 가르침이 교회 안에 많이 있습니다. 그러므로 사두개인의 믿음은 오늘날 하늘에서 이루는, 하나님의 역사를 보지 못하고 인간의 지식으로, 성경을 보면 사두개인과 같은 것입니다. 우리는 진리를 인간의 지식으로 찾는 것이 아니라 성경 말씀에서 찾아야 합니다. 하나님께서 말씀해주시는 하늘의 영광의 세계를 깨닫지 못하고, 눈에 보이는 문자의 의미와 물질세계의 지식으로 성경을 보면, 사두개인의 가르침에 따르게 되는 것입니다.

축복도 눈에 보이지 않는 하늘나라에서, 영원히 앞으로 누리게 되는 영적인 축복, 즉 오늘의 내 심령 속에 하나님의 하늘의 부와, 평강이 샘솟는 기쁨으로 충만하여져서, 하나님의 나라가 내 심령 속에서 이루어지는 축복보다, 눈에 보이는 가시적인 재물이 자꾸 쌓여가는 이 세상의 땅이 늘어나고, 또 기업이 발전하여 더 큰 기업으로 규모가 커지는 것을, 하나님의 축복으로 생각하는 것입니다. 오직 현세에 물질적 축복만을 축복으로 알고 믿는 사람들을 말하고 있습니다. 그러므로 사두개인의 믿음은 우리가 이 땅에서 열매 맺은 대로, 그 영광을 입혀주어서 하늘나라에서 살게 하시는, 복 따위는 염두에 두지도 않는 것입니다. 따라서 사두개인의 믿음을 가진 자들은 소제 제물이 될 수 없는 것입니다.

요한삼서 1장2절에 "내 영혼이 잘됨같이 범사가 잘되고 강건하기를 내가 간구하노라." 하신, 하나님의 귀한 약속의 말씀이 있습니다. 그런데 영혼이 잘되는 것이 무엇입니까? 사단

에게 절하고 마귀에게 빌면 천하만국과 세상의 부귀영광을 주
겠다고, 누가복음 4장5~7절에 말씀하고 있습니다. 마귀에게
절하고 세상의 부귀와 영광을 얻으면 사람의 영혼이 잘되는
것입니까? 세상에서 예수님을 믿으면서 적당히 야합하여, 세
상 부귀도 얻고 권세도 얻어서, 세상에 많은 것을 갖게 되었
다면 분명히 그 영혼은 잘못된 것입니다.

구약시대 욥처럼 하나님을 믿는 중심으로, 잘 생활했지만
오히려 고난이 따르는 경우도 있습니다. 비록 육신적으로 괴
롭고 집안 사정도 고통스럽지만, 고난 가운데 말씀을 깨닫게
하시어, 점점 영적 성장을 더해가는 것이 영이 잘되는 것입니
다. 물론 하나님께서 말씀으로 힘을 주셔서 기쁨으로, 그 고
난을 잘 이기게 하지만 육체는 많은 괴로움이 따릅니다. 그러
므로 범사에 잘된다는 말씀은 모든 일이, 형통하여 잘되는 것
만을 말하는 것이 아닙니다. 고난이 따르고 가난한 중에 있지
만, 그 어려움을 통하여 영적으로 믿음이 성장하면, 바로 그
것이 진정으로 범사가 잘된 것입니다.

하나님께서 우리 자녀들에게 주시는 환경은, 하나님의 손에
서 벗어나 있거나 하나님이 개입할 수 없으며, 하나님의 힘이
미치지 않는 것으로, 우리에게 시험하시는 경우는 없습니다.
모든 것이 하나님의 장중에 있습니다. 하나님의 주권과 하나
님이 섭리하시는 속에, 모든 환경과 여건이 우리에게 주어지
는 것입니다. 오늘날도 그 환경 속에서 우리를 인도해 가시는
데, 거기에는 괴로움이 따르고 가난이 따르거나, 육신이 병들
거나 핍박이 따르는데, 이러한 수난들은 하나님께서 보시기
에, 우리에게 필요함으로 주시는 것입니다. 왜냐하면 우리들
에게 영적인 복을 주시기 위하여, 또는 온갖 그릇으로 쓰시기

위하여, 그에 합당한 자들로 세우기 위함인 것입니다.

　마지막 환란 때 성도들이 겪게 될 7년 환란도, 우리에게는 가장 축복된 것입니다. 7년 환란을 통하여 육신적 정욕을 끊게 하시어 정결케 하고, 온전케 하는 연단을 통하여 천년왕국에 들어가서, 주님과 함께 살 수 있도록 만드는 과정이 환란입니다. 그러므로 더 큰 복은 이 환란을 통하여, 순교할 수 있는 기회를 주시는 것입니다. 바로 첫째부활의 영광에 참여하는 자가 되는 것입니다. 휴거를 하는 성도들은 천년왕국의 백성으로 들어가지만, 환란을 통하여 목 베임을 받은 순교자들은, 환란 후에 예수님 재림 시에 신령한 몸으로 부활되어, 천년왕국에서 주님과 함께 왕이 되어지는 것입니다. 따라서 환란을 통하여 순교자가 되는 것을 바라보는, 믿음의 사람이 되는 것이 가장 축복된 복인 것입니다.

　그러나 오늘날 교회에는 거꾸로 신앙생활을 하고 있습니다. 일반적으로 육신적인 것을 복으로 생각하고, 육체에 조금이라도 감당하기 어려운 고난이나 핍박을 싫어합니다. 실제 복은 팽개치고 이 세상의 복만 추구하고, 육신의 괴로움을 벗어나기 위해 기도합니다. 그리고 현실적 복으로만 만족하려 하고 있는 것입니다. 따라서 이러한 신앙으로 믿는 자는 사두개인의 믿음이 있는 자들인 것입니다. 오늘날 교회가 올바로 말씀만 증거하면 육체의 신앙 아래 있는, 모든 성도들이 깨달아서 믿음의 교회로 바로 서면, 빛으로 드러나는 사회로 변하게 될 것입니다. 그러나 물질의 복만 달라하여 세상의 형통함만으로 나아감으로, 교회는 썩어지고 목회자는 완전히 소경이 되어, 소경이 소경을 인도하는 교회가 많이 되어있습니다. 그러므로 사두개인들의 믿음의 소제 제사는, 하나님께서 우리에게 영적

제6장 잘못된 의로운 자의 믿음의 길

인 삶을 영위하기를 원하시는데, 세상의 축복을 따르는 신앙을 넣어서 세상의 삶에 자신들도 취하고, 다른 사람들도 취하게 만드는 믿음을 말하고 있는 것으로, 다음과 같이 정리하여 볼 수 있습니다.

(1) 사두개인들은 성문화된 성경만 믿었으며, 인간의 삶을 지도하는 것은 개인의 자유요. 역사 또한 인간이 만든다고 하였습니다.

(2) 사두개인들은 부활을 믿지 않았으며 천사, 영혼 또한 없다고 믿었습니다.

(3) 사두개인들은 바리새인들이 귀중하게 여기는, 구전의 율법이나 관습, 규칙도 인정하지 않았습니다.

따라서 사두개인들은 부활의 교리가 초기 성서에는 나오지 않고, 후대 성경(사26:19,단12:1~3,시73:24)에만 나옴으로 사후의 존재를 믿지 않았으나, 영혼의 존재를 더러 인정을 하기도 하였지만, 육체의 죽음과 함께 소멸된다고 주장하였습니다.

우리는 믿음으로 어떻게 구원에 이르고 의로운 자가 되는가?

◆3 헤롯당의 잘못된 믿음

헤롯당의 믿음은 마가복음 12장13절에 "저희가 예수의 말씀을 책잡으려 하여 바리새인과 헤롯당 중에서 사람을 보내매," 하신 말씀에 나타나는데, 헤롯당의 믿음은 마가복음 8장 15절 말씀으로, 예수님께서 헤롯의 누룩을 조심하라 하심에서도 말씀하시고 있는 것으로, 즉 헤롯의 누룩을 뜻하는 것입니다.

그럼 헤롯의 누룩이 무엇을 뜻하는 것이겠습니까? 헤롯은 BC 47년경 갈릴리 지역을 다스리던 왕으로, 세상의 정사와 세도를 가지고 잘못된 가르침을 가르치는 것을 말합니다. 즉 하나님의 자녀로 바르게 살지 아니하고, 세상 권세나 세도를 가지고, 하늘의 영광을 가리게 하여 완전히 믿음을, 세상의 지식으로 바꾸어 권세와 야합하게 만들어, 신앙의 정절을 더럽게 하는 믿음으로 나아가게 하는 것을 의미하는 것입니다.

열왕기서상 18장19절에 아합왕 때의 왕비, 이세벨의 상에서 먹던 450명 모두 하나님의 종들인데, 이세벨의 상에서 먹음으로 아합왕에게 아첨이나 하고, 이세벨에게 절하며 바알을 섬기는 무릎을 꿇게 된 자들로서, 이들은 하나님의 종들이지만 전부 변절된 자들인 것입니다. 오늘날도 이세벨의 상에서 먹는 주의 종들이 아주 많습니다. 변절된 자들은 하늘에서 떨어진 별들과 같은 것입니다. 그러므로 내 몸이 영적인 소제 제물이 되어지는 믿음을 위해서는, 세상의 권력과 세도에 야합하지 말아야, 하나님께 합당한 소제 제물로서의 신앙이 되어지는 것이요. 의로운 자의 믿음으로 나아갈 수 있는 것입니다.

◆4 장로들의 잘못된 유전들

　장로들의 유전에 관한 말씀은 마태복음 15장2～9절에 "당신의 제자들이 어찌하여 장로들의 유전을 범하나이까 떡 먹을 때에 손을 씻지 아니하나이다. 대답하여 가라사대 너희는 어찌하여 너희 유전으로 하나님의 계명을 범하느뇨. 하나님이 이르셨으되 네 부모를 공경하라 하시고, 또 아비나 어미를 훼방하는 자는 반드시 죽으리라 하였거늘, 너희는 가로되 누구든지 아비에게나 어미에게나 말하기를, 내가 드려 유익하게 할 것이 하나님께 드림이 되었다고 하기만 하면, 그 부모를 공경할 것이 없다 하여 너희 유전으로 하나님의 말씀을 폐하는도다. 외식하는 자들아 이사야가 너희에게 대하여 잘 예언하였도다. 일렀으되 이 백성이 입술로는 나를 존경하되 마음은 내게서 멀도다. 사람의 계명으로 교훈을 삼아 가르치니 나를 헛되이 경배하는도다." 하신 말씀과, 마가복음 7장3～8절 말씀인 "바리새인들과 모든 유대인들은 장로의 유전을 지키어 손을 부지런히 씻지 아니하면 먹지 아니하며, 또 시장에서 돌아와서는 물을 뿌리지 않으면 먹지 아니하며 그 외에도 여러 가지를 지키어 오는 것이 있으니 잔과 주발과 놋그릇을 씻음이러라. 이에 바리새인들과 서기관들이 예수께 묻되, 어찌 당신의 제자들은 장로들의 유전을 준행치 아니하고 부정한 손으로 떡을 먹나이까. 가라사대 이사야가 너희 외식하는 자에 대하여 잘 예언하였도다. 기록하였으되 이 백성이 입술로는 나를 존경하되 마음은 내게서 멀도다. 사람의 계명으로 교훈을 삼아 가르치니 나를 헛되이 경배하는도다 하였느니라. 너희가 하나님의 계명을 버리고 사람의 유전으로 지키느니라." 하신

우리는 믿음으로 어떻게 구원에 이르고 의로운 자가 되는가?

말씀에서 말씀하고 있습니다.

즉 장로는 헬라어로 "프레스뷔테로스($\pi\rho\epsilon\sigma\beta\acute{\upsilon}\tau\epsilon\rho\sigma\varsigma$)"요. 히브리어로는 "자켄"으로 나이가 많다는 뜻의 연장자를 의미하나, 성경적으로는 요한계시록 4장4절에 이십 사 장로가 보좌에 둘려, 흰옷을 입고 금 면류관을 쓰고 앉은, 영광의 보좌를 보고 증거하고 있음을 보여주고 있습니다.

다시 말하면 장로는 장성한 믿음을 가진 자로, 하나님을 섬기는 본이 되어 교회에서, 하나님의 말씀을 하나님의 뜻에 합당하게 가르치고, 다스릴만한 신앙을 가진 믿음의 사람에게 주어지는 직분인데, 장로들의 유전이란 유대인들에게 구전으로 전해내려 오는, 전승의 규례들을 말하는 것으로 즉 유대인들은, 모세가 시내산에서 하나님께 받은 십계명과 함께, 구전으로 전하게 한 유전을 받았다고 믿었습니다.

그래서 유대인들은 모세가 아론에게 아론이 엘르에셀에게, 엘르에셀은 이다말에게 그리고 또 이스라엘 12지파의 대표들인, 72장로들에게 전해져 각 종족과 회중들에게 전파되었고, 이 구전의 규례들을 성문화시켰는데, 그것이 바로 미쉬나(Mishna)로 유대인들은 이 규례를, 하나님의 말씀과 동등하게 여겨 반드시 지키게 하였는데, 이를 장로들의 유전이라 말하는 것입니다.

그런데 예수님은 그들의 유전이 잘못 되었음을 깨닫게 하시고 있는 것으로, 즉 마태복음 15장2~9절에서 서기관과 바리새인들이, 예수님께 사람의 계명으로 말하고 있습니다. 분명 출애굽기 20장1~17절의 계명은 하나님의 계명입니다. 그런데 15장4~5절에서 사람의 계명으로 잘못 가르치고 있음에 대하여 말씀하고 있습니다.

즉 "떡 먹을 때 손을 씻지 아니하나이다."하는 것도, 장로

제6장 잘못된 의로운 자의 믿음의 길

들의 유전으로 유전에 따르면, 밖에서 부정한 것과 접촉하여 부정하여졌을 것을, 차단하기 위하여 외출하여 돌아오거나, 식사할 때는 반드시 손을 씻도록 하였는데, 이것을 말하고 있는 것입니다.

마태복음 15장4~6절에 "하나님이 이르셨으되 네 부모를 공경하라 하시고 또 아비나 어미를 훼방하는 자는 반드시 죽으리라 하셨거늘, 너희는 가로되 누구든지 아비에게나 어미에게 말하기를 내가 드려 유익하게 할 것이 하나님께 드림이 되었도다 하기만 하면, 그 부모를 공경할 것이 없다하여 너희 유전으로 하나님의 말씀을 폐하는도다." 하심에, "네 부모를 공경하라."는 것은, 일반적인 부모만을 공경하라는 말이 아닙니다. 사람의 신분에 따른 인륜의 관계를 정하는 것을 말합니다. 사회에서 상호간에 높고 낮음의 상하(上‧下)관계로, 높일 자를 높이고, 존경할 자를 존경하고, 인정할 자를 인정하고, 두려워할 자를 두려워하도록 설정해주고, 지키도록 명령하여 주는 계명입니다.

그리고 디모데전서 1장2절에 "믿음 안에서 참 아들 된 디모데에게 편지하노니," 하심에서, 참 아들의 관계도 포함되는데, 고린도전서 4장15절에 "내가 너희를 복음으로 낳았도다." 하신 말씀처럼, 진리의 말씀과 복음을 증거하여 낳은 자들이 아들이 되는 것입니다. 그러므로 오늘날 목회자를 통하여 하늘나라의 영광과, 복음의 진리의 말씀으로 새롭게 낳은바 되고, 장성한 자에 이르면 하나님 아버지와의 관계가 바로 되고, 목회자와 성도 간에도 영적 부모와 아들과의 관계가 된다는 말씀입니다.

그런데 부모를 공경하라는 하나님의 말씀을 폐하고, 자기들

스스로 해석하여 부모를 공경할 것으로, 하나님 앞에 헌물을 받치면 부모를 자동적으로, 공경한 것이 된다고 잘못 가르치고 있다는 것입니다.

마태복음 15장7~9절인 "외식하는 자들아 이사야가 너희에게 대하여 잘 예언하였도다. 일렀으되 이 백성이 입술로는 나를 존경하되 마음은 내게서 멀도다. 사람의 계명으로 교훈을 삼아 가르치니 나를 헛되이 경배하는도다." 하셨는데, 바리새인들이 하나님의 계명인 부모를 공경하라는 말씀을, 사람의 계명으로 해석하여 하나님의 계명을 폐해버린 것입니다. 즉 바리새인들은 하나님의 계명으로 받지 아니하고, 사람의 생각과 전통으로 해석하여 가르친다는 말씀입니다. 그러므로 입술로는 하나님을 경배하고 존경하나, 그들 마음은 하나님께서 멀리 떨어져 있다는 것으로, 진정한 믿음의 경배가 아니라 간음죄를 범하고 있다는 것입니다.

그리고 마가복음 7장3~4절에 말씀인 "바리새인들과 모든 유대인들이 장로들의 유전을 지키어 손을 부지런히 씻지 않으면 먹지 아니하며, 또 시장에서 돌아와서는 물을 뿌리지 않으면 먹지 아니하며, 그 외에도 여러 가지를 지키어 오는 것이 있으니 잔과 주발과 놋그릇을 씻음이러라." 함의, 손을 씻는 일은 하나님이 주신 율법에 따라 지켜온 전통입니다. 아론은 자기의 법복을 입기 전에 몸을 씻었고(레16:4,24), 제단에 나아가기 위하여 몸을 씻었으며(출30:18-21), 일반 백성들도 죄를 범했을 때 정결예식으로 몸을 씻어야만 하였습니다(출19:14,40:12,레8:9).

성전 기명들인 식탁의자 접시 그리고 그릇들을 씻는 일에도 충성스러웠습니다(레11:32,14:8,9,15:5-12,1715,16,). 즉 씻는

제6장 잘못된 의로운 자의 믿음의 길

것이 이스라엘 자손들에게 계승된 것은, 예수님께서 세상에 오셨을 때 믿음으로 되어질, 내적인 교회를 나타내기 위함이었던 것입니다.

이사야서 4장4절에 "주께서 심판하시는 영과 소멸하는 영으로 시온의 딸들의 더러움을 씻으며 예루살렘의 피를 그 중에서 정결케 하신 때가 됨이라." 하셨고, 예레미야서 2장22절에서도 네가 잿물로 스스로를 씻으며, 수다한 비누를 쓸지라도 네 죄악이 오히려 내 앞에 그저 있다고 하고 있고, 시편 51편10절에 하나님이여 내 속에 정한 마음을 창조하시고, 내 안에 정직한 영을 새롭게 하소서라고 말씀하고 있습니다.

즉 사람들의 영을 씻는 것이 그 몸을 씻는 다는 것으로 표현되고 있는 것입니다. 예수님의 말씀에서도 명백히 증명되고 있습니다. 마태복음 23장26~27절에서 내적인 것들이 정화되지 않는 한, 한 무덤에 회칠한 것과 같아서 겉으로는 아름다우나, 그 안에는 죽은 사람의 뼈와 모든 더러운 것이, 가득하다고 말씀하심에서 잘 나타나고 있습니다.

"또 시장에서 돌아와서는 물을 뿌리지 않으면 먹지 아니하며"의, 시장에서 돌아왔다는 것을 빈센트 테일러(Vincent Taylor)는, 시장으로부터 가져온 물건들을 나타낸다고 하였으며, 물을 뿌린다는 "밥티손타이($\beta\alpha\pi\tau\acute{\iota}\sigma\omega\nu\tau\alpha\iota$)"는 기본형이 "밥티조"로 "세례를 주다"는 뜻으로 쓰였는데, 동사로서 "담그다"의 의미이며, 씻다는 뜻도 갖고 있습니다. 그러므로 시장으로부터 가지고 온 물건을 씻는 것을 뜻한다고 볼 수 있을 것입니다.

"잔과 주발과 놋그릇을 씻음이러라" 함의, 잔은 "포테리온($\pi o\tau\eta\rho\acute{\iota}\omega\nu$)"이요. 주발은 "크세스톤($\xi\varepsilon\sigma\tau\tilde{\omega}\nu$)"이며, 놋그릇은

우리는 믿음으로 어떻게 구원에 이르고 의로운 자가 되는가?

"칼기온(χαλκίον)"으로 "침대, 식탁"이라는 뜻으로도 썼는데, 유대인들은 침대나 식탁까지도 깨끗하게 하였음을 보여주고 있습니다. 그러나 마태복음 23장24절에 의하면 "화있을찐저 외식하는 서기관들과 바리새인들이여 너희는 잔과 대접의 겉은 깨끗하되, 그 안에는 탐욕과 방탕으로 가득하도다." 말씀하시고 있습니다. 즉 외적인 깨끗함이 아니라, 믿음의 진실된 내적 깨끗함을, 우리들이 이루어야 함을 말씀하시고 있는 것입니다.

마가복음 7장8절에 너희가 하나님의 계명을 버리고 사람의 유전을 지킨다고 하는 말씀도, 이사야서 22장9절에 "너희가 다윗성의 무너진 곳이 많은 것도 보며 너희가 아래 못의 물도 모으며," 하신, 다윗성의 무너진 곳이란 거짓된 진리가 침투하여진 것을 말씀하는 것이요. 아래 못의 물이란 뜻도 관습적 전통들을 말하는데, 즉 말씀을 버리고 자신들의 전통을 따름으로, 진리가 왜곡되게 성경 안으로 밀어 넣어졌음을 말씀하시고 있는 것입니다.

누가복음 8장27~32절에 마귀에게 잡혔다는 이유로, 집에 살지 못하고 무덤이 모여 있는 묘지에서 살았다는 까닭도, 악에 터전을 둔 거짓 진리들에 의해 적용받아, 생명이 없는 것들이 되게 한 유대인들의 전통들 때문인 것입니다. 다시 말하면 조상의 유전을 지키는 것과, 주님을 모셔 드리는 것과는 아무런 관계가 없는 것입니다.

제6장 잘못된 의로운 자의 믿음의 길

5 니골라당의 잘못된 믿음

　니골라당은 요한계시록 2장6절과 2장15～16절에 나타나 있는데, 요한계시록 2장6～7절에 "오직 네게 이것이 있으니 네가 니골라당의 행위를 미워하는도다. 나도 이것을 미워하노라. 귀 있는 자는 성령이 교회들에게 하시는 말씀을 들을지어다. 이기는 그에게는 내가 하나님의 낙원에 있는 생명나무의 실과를 주어 먹게 하리라." 하신 말씀에 기록되어 있습니다.

　즉 "네가 니골라당의 행위를 미워하는도다. 나도 이것을 미워하는도다." 하심의, 니골라당의 행위를 미워한다는 "미세이스 타 에르카 톤 니콜라이톤(μισεῖς τὰ ἔργα τῶν Νικολαϊτῶν)"의, 니골라당은 정복을 뜻하는 "니카(νικᾷ)"와 백성을 의미하는 "라오스(λαός)"와 합성어로, "백성을 삼키다. 백성을 정벌하다. 백성을 정복하다."는 뜻을 가지는데, 요한 사도는 요한계시록 2장14～15절에서 네게 두어 가지 책망할 것이 있나니, 거기 네게 발람의 교훈을 지키는 자들이 있도다. 발람이 발락을 가르쳐 이스라엘 앞에 올무를 놓아, 우상의 재물을 먹게 하였고 또 행음하게 하였다고 하고 있습니다.

　그러나 교부들인 이레니우스(Ireanaeus)와 히폴리투스(Hippolytus)들은, 니골라를 사도행전 6장5절에 일곱 집사 가운데, 한 사람인 니골라와 동일시하고 있는데, 이 니골라는 안디옥 출신의 헬라인으로 처음에는 유대교에 입교하였다가, 그리스도교로 개종한 후에 또 영지주의자로 개종하였습니다.

　따라서 초대교부들은 니골라가 엄격한 율법주의에 대한, 반발로 무율법주의로 떨어졌다고 하며, 알렉산드리아의 클레멘트(Clement of Alexandria)는 니골라당에 대해 생활이 방종

하여, 마치 염소처럼 향락에 몰두 하였다고 하였고, 왈우드
(Walwood)는 거짓 사도로서 교인들로 하여금 이단이 되게 하
며, 이교 신앙을 신봉하고 이방신 축제와, 성을 개방하는 집
단으로 해석하였습니다.

그러나 니골라(니콜라, Νικολα)는 처음에 믿음과 성령이
충만하여, 일곱 집사로 뽑혀 많은 일을 하다가 보니, 과도한
충성으로 인하여 믿음이 아닌, 행함의 행위로 치우치게 되었
던 것입니다. 다시 말하면 과도한 충성이 자기의 의로 나타나
게 되어, 하나님의 은혜로서가 아닌 자신의 힘으로 애쓰고 충
성함으로서, 복을 받는 신앙으로 변질되어졌음을 나타내는 것
입니다.

유대교 또한 행위를 강조합니다. 즉 자기의 의를 구원의 방
편으로 삼는데, 니골라 역시 다시 유대교로 넘어갔다 하였으
니, 예수님이 미워하신다 하신 것입니다. 그런데 미워함과 책
망은 의미가 좀 다릅니다. 요한계시록 2장4절에 책망(카타, κ
ατὰ)은 사랑의 역사로, 하나님께서 돌이키게 하려는 역사요.
미워한다는 "미소(μισῶ)"는 이미 돌이킬 수 없을 정도로, 결
국 심판의 길로 떨어지도록 방관하는 것을 말하는 것입니다.
그러므로 오늘 우리들도 진리의 말씀에 비추어, 어두운 부분
을 밝혀 나아가야하는 것입니다.

그러므로 요한계시록 2장7절에 "귀 있는 자는 성령이 교회
들에게 하시는 말씀을 들을지어다." 하는 것으로, 귀 있는 자
는 "호 에콘 우스(ὁ ἔχων οὖς)"로, 하나님의 진리의 말씀을
증거할 때 하나님의 말씀으로 듣는 자로서, 자신의 심령에 진
리의 성령이 있어야, 진리의 성령으로 하시는 말씀을 들을 수
가 있음을 말하는 것입니다.

제6장 잘못된 의로운 자의 믿음의 길

요한복음 8장47절에 "하나님께 속한 자는 하나님의 말씀을 듣나니, 너희가 듣지 아니함은 하나님께 속하지 아니함이라." 하셨는데, 하나님께 속한 자는 하나님의 일방적인 은혜로, 영원한 구원을 받은 아들이며, 이 땅에서도 예수님으로 하나님께서 우리를 구원하여 놓으시고, 우리를 불러 믿게 하신 하나님의 사랑의 역사를 보는 자들로, 성령이 교회에 하는 진리의 말씀을 듣고, 그 말씀이 믿음이 되어 자아가 부인되고, 주님이 주시는 생명의 말씀으로 이끌림 받게 되는 것입니다.

따라서 "이기는 그에게는"인 "토 니콘티(τῷ νικῶντι)"는, 처음 사랑을 되찾음을 뜻하는 것입니다. 하나님의 사랑과 은혜로 말미암아 구원 받았음을 믿는 믿음으로서, 행함에 치우치는 것을 이기는 것이요. 하늘나라의 소망을 바라보며 세상의 부귀와, 영광의 유혹으로부터 이기는 것입니다.

다시 말하면 첫 번째로 믿음으로 행함의 치우침을 이기는 것이요. 자신의 의를 나타내고자 하는 것과, 자기 충성과 열심을 보이려고 하는 것과, 칭찬 받고 뽐내고자 하는 마음을 이기는 것과, 진리로써 비진리인 거짓된 미혹을 이기는 것을 말하는 것입니다.

두 번째로 이기는 그에게는 내가 하나님의 낙원에 있는, 생명나무의 실과를 주어 먹게 하는 것인데, 낙원인 "파라데이소(παραδίσῳ)"는 에덴동산을 가리키는 말로, 즉 하나님의 기쁨이 있는 곳이 낙원인 곳인데, 하나님의 사랑과 은혜를 깨닫고 기뻐하며, 감사로 찬송과 영광을 돌리는 곳을 뜻하는 것입니다.

생명나무는 "투 크쉴루 테스 조에스(τοῦ ξύλου τῆς ζωῆς)"로, 창세기 3장22절에 아담이 가죽 옷을 입게 된 후에 본

우리는 믿음으로 어떻게 구원에 이르고 의로운 자가 되는가?

과실나무로, 아담이 손을 들어 따먹으려했던 실과나무입니다. 요한복음 1장48~51절에 예수님께서 나다니엘에게, 빌립이 너를 부르기 전에 네가 무화과나무 아래 있을 때에, 보았다 하심을 믿는 그에게 "더 큰일을 보리라." 하신 말씀과 같이, 오늘날도 아버지 하나님께서 구속의 징표로, 가죽 옷을 입혀 주신 것을 깨닫고 믿는 자들에게는, 더 큰 일인 생명나무 과실을 먹게 하시는 것입니다.

다시 말하면 하나님의 자녀들에게 영원히 지옥갈 수 없는, 구속을 이루어 주심을 믿는 자는, 에베소서 2장6절에 "함께 일으키사 그리스도 예수 안에서 함께 하늘에 앉히시니," 말씀 하심으로서, 천국에 속한 자로 하늘의 영광에 합당한, 열매 맺게 하는 삶을 살게 하시는 것을 깨닫고, 그 열매 맺는 생명 으로 사는 것이, 곧 생명나무 과실을 먹는 것입니다.

그런데 이 생명나무 실과는 주님께서 먹여주시는 것으로, 우리의 손으로는 먹을 수가 없는 것입니다. 그러므로 창세기 3장22~24절에 아담이 자신의 손으로, 생명나무의 실과를 따 먹으려 하였기에, 아담과 하와는 에덴동산에서 쫓겨난 것입니 다. 따라서 오늘의 우리들도 생명나무의 실과를 먹는 자는 이 기는 자요. 영적 생명으로 사는 의로운 자로 하나님께 합당한 자인 것입니다.

제6장 잘못된 의로운 자의 믿음의 길

제 **7** 장

더 큰일과 더 좋은 부활의 신앙

더 큰일과 더 좋은 부활의 신앙

더 큰일과 더 좋은 부활의 신앙은 요한복음 1장50절에 "예수께서 대답하여 이르시되 내가 너를 무화과나무 아래서 보았다 함으로 믿느냐 이보다 더 큰일을 보리라." 하심과, 히브리서 11장35~40절에 "여자들은 자기의 죽은 자들을 부활로 받아들이기도 하며 또 어떤 이들은 더 좋은 부활을 얻고자 하여 심한 고문을 받되 구차히 풀려나기를 원하지 아니하였으며, 또 어떤 이들은 조롱과 채찍질 뿐 아니라 결박과 옥에 갇히는 시련도 받았으며, 돌로 치는 것과 톱으로 켜는 것과 시험과 칼로 죽임을 당하고 양과 염소의 가죽을 입고 유리하여 궁핍과 환란과 학대를 받았으니, 이런 사람은 세상이 감당하지 못하느니라. 그들이 광야와 산과 동굴과 토굴에 유리하였느니라. 이 사람들은 다 믿음으로 말미암아 증거를 받았으나 약속

된 것을 받지 못하였으니 이는 하나님이 우리를 위하여 더 좋은 것을 예비하셨은즉 우리가 아니면 그들로 온전함을 이루지 못하게 하려 하심이라." 하심에서 말씀하고 계신데, 더 큰일은 "메이조(μείζω)"로 잠시 동안 우리가 세상에 사는 동안에, 하늘나라의 영원한 영광된 열매를 맺게 하시는 성령의 역사를 말합니다.

그리고 더 좋은 부활은 더 큰일 안에, 마지막 때 순교를 통하여 더 나은 본향인, 첫째부활의 영광을 더하게 하시는 일도 더 큰일에 포함됩니다. 따라서 이 더 큰일을 위하여 원죄까지 두신, 하나님의 비밀을 깨닫는 자는 이 더 큰일을 보는 자요. 더 나은 본향으로 들어가게 하시는, 하나님의 사랑의 역사임을 보여주시는 말씀인 것입니다.

우리는 믿음으로 어떻게 구원에 이르고 의로운 자가 되는가?

1 더 큰일의 역사

　　더 큰일의 역사는 요한복음 1장47~50절에 "예수께서 나다니엘이 자기에게 오는 것을 보시고 그를 가리켜 가라사대, 보라 이는 참 이스라엘 사람이라. 그 속에 간사한 것이 없도다. 나다니엘이 가로되 어떻게 나를 아시나이까, 예수께서 대답하여 가라사대 빌립이 너를 부르기 전에 네가 무화과나무 아래 있을 때에 보았노라. 나다니엘이 대답하되 랍비여 당신은 하나님의 아들이시요. 당신은 이스라엘의 임금이로소이다. 예수께서 대답하여 가라사대 내가 너를 무화과나무 아래서 보았다 하므로 믿느냐. 이 보다 더 큰일을 보리라." 하신 말씀에서 말씀하고 계신데, 나다니엘이 빌립의 전도를 받고 예수님께 나아오는, 나다니엘을 보고 예수님께서 하신 말씀입니다.

　　즉 빌립이 나다니엘에게 예수님을 전하기 전에, 이미 무화과나무 아래 있었던 나다니엘을, 예수님이 보았다고 말씀하시고 있습니다. 이 말을 들은 나다니엘은 49절에서 "랍비여 당신은 하나님의 아들이시요. 당신은 이스라엘의 임금이로소이다."하고 답을 하고 있는데, 나다니엘이 예수님께로 인도받기 전에 무화나무 아래서, 잠시 쉬고 있었던 것을 예수님이 알아맞춘 것이라면, 나다니엘은 "랍비여 당신은 선지자로소이다." 라고 대답하는 것이 합당한 것입니다.

　　그런데 "랍비여 당신은 하나님의 아들이시요. 당신은 이스라엘의 임금이로소이다."라고 하였습니다. 즉 나다니엘의 눈에 예수님이 사람으로 보였다면 예수님을 하나님의 아들이시요. 이스라엘의 왕이시라고 고백할 수가 없는 것입니다. 요한복음 1장41절에 의하면 안드레가 형제 베드로를 찾아 "우리가 메시아를 만났다.” 하였는데, 45절 말씀에서는 빌립이 나다니엘을 찾아가 모세가 율법에 기록하였고, 여러 선지자가 기록한 그이를 우리가 만났으니, 요셉의 아들 나사렛 예수니라 하였을 때, 46절에서 나다니엘은 나사렛에서 무슨 선한 것이 나겠느냐? 하고 콧방귀를 뀌었습니다.

그러나 요한복음 1장49절에서는 당신은 하나님의 아들이시요. 이스라엘의 임금이라고 고백하고 있습니다. 나다니엘은 왜 예수님께서 “내가 너를 무화과나무 아래서 보았다.”고 하셨을 때, 이와 같이 고백하였을까요? 예수님께서 나다니엘이 무화과나무 아래 있을 때 보았다는 것은, 창세기 3장8절에 하나님께서 따먹지 말라 한, 선악을 알게 하는 나무의 실과를 아담과 하와가 따먹고, 하나님이 찾아오실 때 무화과나무 아래 숨어 있을 때를 말하는 것입니다.

그 당시 무화과나무 아래에는 아담과 하와만 숨어있었던 것이 아니라, 하늘위에 있는 하나님의 아들들이 영으로 같이 숨어 있었음을 알아야 합니다. 그러므로 나다니엘도 무화과나무 아래 영으로 숨어 있는 것을, 삼위일체 하나님이신 예수님도 보았다는 말씀인 것입니다.

그런데 왜 여호와 하나님께서 죄지은 아담에게 찾아오셔서, “아담아 네가 어디 있느냐?”하고 부르셨을까요? 하나님이 아담을 부르신 것은 아담과 아들들이, 하나님께서 따먹지 말라 하신 선악을 알게 하는 나무의 실과를 따먹고, 지옥의 심판 아래 떨어져 죽었던 영혼을, 살리셨음을 알리기 위하여 찾아와 부르신 것입니다. 즉 하나님의 음성을 들을 수 있다는 것은, 그의 영이 살아난 것을 뜻하기 때문입니다.

다시 말하면 아담은 죄를 지었음으로 하나님을 두려워하여,

우리는 믿음으로 어떻게 구원에 이르고 의로운 자가 되는가?

에덴동산의 무화과나무 아래 숨었지만, 하나님은 멜기세덱으로 지옥의 심판 아래 놓인 아담과, 모든 아들들을 구원하여 놓으시고, 아담과 아들들을 찾아오신 것입니다. 우리는 이 멜기세덱의 구원을 기본구원으로, 생명구원 또는 지옥갈 수 없는 구원이라 하는데, 하늘에서 하나님의 이 구원은 하늘에서 하나님의 뜻으로 이루신 큰일인 것입니다. 그러므로 예수님 앞으로 나온 나다니엘은 영으로, 생명 구원의 역사를 깨달아 보고 그 구원을, 믿고 있음을 말하고 있는 것이 "당신은 하나님의 아들이시요. 이스라엘의 임금이라"고, 고백하고 있는 것이라는 말씀입니다.

그리고 예수님께서 나다니엘에게 이보다 더 큰일을 보리라고, 요한복음 1장50절에서 말씀하고 계신데, 더 큰일은 51절에 "또 가라사대 진실로 진실로 너희에게 이르노니, 하늘이 열리고 하나님의 사자들이 인자 위에 오르락내리락 하는 것을 보리라." 하신 말씀으로, 인자는 예수님을 가리키며 예수님과 하나가 된 자들도 인자인데, 즉 하나님의 생명을 받은 아들들의 영들에, 육신을 입혀 이 세상에 보냄받은 사람들이, 하나님의 아들답게 사는 자는 인자가 되는 것으로, 에스겔서 1장1절과 3절에서 에스겔에게 "내게 이르시되 인자야 내가 너를 이스라엘 자손 곧 패역한 백성, 나를 배반하는 자에게 보내노라." 하심에서 말씀하고 있습니다. 그러므로 오늘날도 마태복음 5장9절에 말씀과 같이, 하나님과 화평케 하는 자는 하나님의 아들이라 하신, 말씀을 따르는 자들이 되어야 하는 것입니다.

다시 말하면 하늘위에서 멜기세덱으로 지옥갈 수 없는, 구원을 이루신 큰 구원을 믿는 자들에게, 하늘이 열리고 하나님

제7장 더 큰일과 더 좋은 부활의 신앙

의 사자들이 인자 위에 오르락내리락 하는 것을 보는 것이, 더 큰 구원인 더 큰 일을 보여주시는 것으로, 큰일이 있은 후에 더 큰일이 있음을 말씀하시는 것입니다. 그러므로 지옥에 안 갈려고 믿음 생활을 하는 사람들은, 결국 천국에 들어가는 것이 신앙의 목표임으로, 더 큰일은 이룰 수가 없는 것입니다. 아담부터 성경에 있는 모든 하나님의 자녀들과, 오늘 우리들에게까지 구원은 양심시대와 율법시대, 그리고 성령시대인 오늘날까지 하나님을 믿는 믿음의 백성들에게, 지옥에서 천국 가는 구원을 하나님께서 멜기세덱으로 이루어 놓은 것입니다.

그리고 그 멜기세덱의 반차를 좇는 대제사장으로, 오신 분이 예수 그리스도 이신 것입니다. 예수님은 하늘위에서 멜기세덱으로 영의 구원을 이루신 것을, 이 땅에 육신으로 오셔서 어떻게 구원을 이루었는가를, 실제로 보여주시기 위하여 피를 흘리시고 부활하신 것입니다. 하늘위에서 영의 구원을 이루는 역사가 없었다면, 예수님도 이 땅에 오실 이유가 없는 것입니다.

창세기 6장9절에 보면 "노아는 의인이요. 당세에 완전한 자라. 그가 하나님과 동행하였고," 하였는데, 노아가 무엇으로 구원을 받고 의인이 되었을까요? 만약 노아가 지옥의 심판 아래 있었다면, 그가 의인이요 완전한 자라고 말씀하지 않았을 것입니다. 아브라함 또한 어떻게 구원을 받았을까요? 하늘에서 큰일인 멜기세덱이 하늘에서, 구원을 이루어 놓았기에 구원을 받은 것입니다. 그러므로 하늘에서 이루신 큰일을 깨달아 보고, 믿는 자들에게 더 큰일을 보리라고 말씀하시는 것입니다.

우리는 믿음으로 어떻게 구원에 이르고 의로운 자가 되는가?

　그럼 더 큰일은 무엇을 말하는 것일까요? 즉 더 큰일은 하나님 아버지의 뜻이 이 땅에서, 이루어지는 역사를 말하는 것입니다. 다시 말하면 하늘위에서 멜기세덱으로 이루신 구원과 같이, 멜기세덱의 반차를 좇아오신 예수 그리스도로 말미암아, 성령을 받아 이 땅에서 이루시는 역사가 더 큰 구원이요. 더 큰일이라는 말씀으로 우리는 이 구원을 생활 구원, 또는 열매 맺는 구원이라고 말하는 것입니다.

　따라서 더 큰일을 보리라는 말씀은, 우리의 육신의 눈으로 보는 것이 아니라, 우리 안에 내주하게 되는 성령의 능력으로, 더 큰일을 이루는 역사를 경험하게 된다는 말씀인데, 예수님께서도 요단강에서 세례를 받으셨을 때, 성령이 임하셔서 성령 충만함을 받았고, 아버지 하나님의 뜻을 이루시기 시작하셨음을, 사도행전 10장38절에서 "하나님이 나사렛 예수에게 성령과 능력을 기름붓듯 하셨으매, 저가 두루 다니시며 착한 일을 행하시고, 마귀에게 눌린 모든 자를 고치셨으니 이는 하나님이 함께 하셨음이라." 말씀하시고 있습니다. 그러므로 성령으로 이루는 일이 더 큰일로, 오늘날 우리들에게도 똑 같이 성령으로 이루게 역사하시는 것입니다.

　그런데 성령을 우리들에게 부어주시는 것은, 우리들의 뜻을 이루라고 부어주시는 것이 아니라, 하나님의 뜻을 이루라고 부어주시는 것입니다. 그러므로 성령을 부음 받으면 예수님이 이루신 역사를, 우리들도 경험하게 되고 하나님의 깊은 사랑을 깨닫게 되어, 더욱 큰 감사로 찬송하는 자리로 이끌어주시는 것입니다. 그리고 이 때 모든 천사들은 부리는 영으로서, 더 큰일을 얻을 후사들을 위하여 섬기는 역사로, 인자위에 오르락내리락 한다는 것으로, 오르락내리락 하는 것은 주님께서 주시는 은혜의 성령으로, 열매 맺게 하셔서 하늘위에 쌓게 하는 것이 오르락이요, 또 더 큰 은혜를 내려주셔서 그 은혜 가운데, 더 큰 기쁨으로 찬송하게 하는 역사를 계속하여 이루도록, 하나님의 은혜를 전하는 것이 내리락이라는 말씀인 것입니다.

시편 110편1~4절에 보면 다윗왕이 멜기세덱으로, 하늘에서 이루신 구원을 보고 있음을 기록하고 있는데, "여호와께서 내 주에게 말씀하시기를 내가 네 원수로 네 발등상 되기까지 너는 내 우편에 앉으라 하셨도다. 여호와께서 시온에서부터 주의 권능의 홀을 내어보내시리니 주는 원수 중에서 다스리소서. 주의 권능의 날에 주의 백성이 거룩한 옷을 입고 즐거이 헌신하니, 새벽이슬 같은 주의 청년들이 주께 나오는도다. 여호와는 맹세하고 변치 아니하시리라. 이르시기를 너는 멜기세덱의 반차를 좇아 영원한 제사장이라 하셨도다." 말씀하심에서, 멜기세덱으로 이루신 구원을 본 다윗왕을, 더 큰일을 이루도록 성령을 통하여, 조명시켜서 깨닫게 하시고 이루게 하셨습니다.

사무엘하 23장11~12절에 "하랄 사람 아게의 아들 삼마라. 블레셋 사람이 떼를 지어 녹두나무가 가득한 밭에 모이매 백성들은 블레셋 사람 앞에서 도망하되, 저는 그 가운데 서서 막아 블레셋 사람을 친지라. 여호와께서 큰 구원을 이루시니라." 말씀하시고 있습니다. 즉 녹두밭은 녹두를 심은 밭으로 녹두가 다 익어, 녹두를 수확할 때에 녹두 껍질에 손을 대면, 껍질이 터지면서 껍질 안에 있던 녹두알이 사방으로 흩어져버립니다. 오늘날도 믿음이 연약한 자들은 마치 녹두알과 같이, 평안할 때는 잘들 모여 하나님을 찬양하다가, 조그마한 어려

우리는 믿음으로 어떻게 구원에 이르고 의로운 자가 되는가?

움이 닥치면 녹두알같이 도망하는 믿음을 표현한 것인데, 아게의 아들 삼마는 그러한 믿음의 성도들을 보호하고 지킴으로서, 더 큰일인 큰 구원을 이루는 신앙의 사람이 되었음을 말씀하시고 있는 것입니다. 그러므로 여러분들도 더 큰일을 이루는 믿음의 신앙인들이 되어, 장자의 복을 누리는 하나님의 아들들이 되시기를 바랍니다.

제7장 더 큰일과 더 좋은 부활의 신앙

2 더 나은 본향을 향하여

　더 나은 본향을 향하여 가는 믿음의 말씀은, 히브리서 11장 15~16절에 "저희가 나온바 본향을 생각하였더면 돌아갈 기회가 있었으려니와 저희가 이제 더 나은 본향을 사모하니 곧 하늘에 있는 것이라. 그러므로 하나님이 저희 하나님이라. 일컬음을 받으심을 부끄러워 아니하시고 저희를 위하여 한 성을 예비하셨느니라." 하신 말씀에 나타내셨는데, 아브라함의 고향은 갈대아 우르로 아브라함은 갈대아 우르를 떠나 가나안 땅으로 왔고, 그의 아버지 데라는 가나안으로 가는 도중 하란 땅에 머물러 살았는데, 아브라함은 가나안 땅에 살면서 아버지가 머물고 있는 하란 땅과, 육신의 본향인 갈대아 우르에 한 번도 가보지 않았습니다.

　왜냐하면 히브리서 11장15~16절에 하신 말씀과 같이, 아브라함이 떠나온 고향을 그리워하였더라면 되돌아갈 기회가 많았지만, 아브라함이 사모하고 그리워하는 곳은 갈대아 우르나 하란 땅이 아니라, 더 좋은 본향인 하늘에 있는 하늘나라였기 때문입니다. 그러므로 하나님은 아브라함과 그에 속한 사람들이 아브라함의 하나님이요. 그들의 하나님이라 불리우는 것을 부끄러워하지 아니하시고, 도리어 그들을 위하여 한 도성을 예비하셨다 말씀하시고 있는 것입니다.

　즉 고향은 우리들의 육신이 태어나고 자란 곳을 말하는데, 더 좋은 본향이 있다는 것은 육신의 고향보다, 더 좋은 곳을 가리키는 말입니다. 그런데 우리 인간들은 육신을 가진 사람들임으로, 항상 육신의 고향을 동경하며 삽니다. 그러나 하늘 위에서 하나님의 영원한 생명으로 낳은바 된, 하나님의 자녀

우리는 믿음으로 어떻게 구원에 이르고 의로운 자가 되는가?

된 자들은 하늘 본향이 본래 고향임으로, 하늘 본향을 더 사모하게 되는 것입니다.

하나님의 아들의 영으로 하늘에 있다가, 이 땅에 보냄을 받았으니, 우리들의 영의 본향은 당연히 하늘나라인 것입니다. 하나님께서 우리 아들의 영에 육신을 입혀 이 땅에 보낼 때는, 하나님을 아는 것과 믿음에 관해서 아는 것이 극히 적습니다. 그러나 이 땅에서 육신으로 살면서 말씀을 통하여 깨닫고, 경험하며 믿음이 성장하여 온전한 자로 변화되면, 영적 믿음이 성장하여 장성한 분량에 이르게 되는 것입니다. 장성한 분량의 믿음으로 거듭난 자는 처음 올 때와는 달리, 하나님께서 미리 준비하여 놓으신, 하늘의 기업을 상속받아 누리는 기쁨이 있게 됨으로, 하늘나라가 더 좋은 본향이 됨을 말씀하시는 것입니다.

제7장 더 큰일과 더 좋은 부활의 신앙

3. 더 좋은 부활의 믿음의 신앙

더 좋은 부활의 신앙의 믿음의 말씀은, 히브리서 11장32~38절 말씀을 통하여 보여주시고 있습니다. 즉 35절에 여자들은 자기의 죽은 자를 부활로 받기도 하며, 또 어떤 이들은 더 좋은 부활을 얻고자 하여, 악형을 받되 구차히 면하지 아니하였다고 하고 있습니다.

즉 본 절에 여자들은 자기의 죽은 자를, 부활로 받기도 하였다는 여자들은, 앞에서 설명을 하였듯이 구약에서 말씀하시는, 사르밧 과부와 수넴 여인과 같은 여인들을 뜻하는 것으로, 이들이 죽은 아들을 부활로 받아 믿었음을 말씀하시는 것입니다.

사르밧 과부의 아들과 수넴 여인의 아들이 살아난 것은, 육체의 소생만이 아니라 하늘의 영원한 영광된, 열매 맺는 몸으로 살리심을 받았으니, 부활로 받았다고 말한 것입니다. 그리고 이들이 맺은 하늘의 믿음의 열매는 하늘에 영원한 것이요. 영생의 영광의 열매로 영원히 죽지 않는 의의 부활인 것입니다. 그러므로 우리는 부활을 믿음으로 생명의 면류관을 받고, 영생의 의의 열매를 맺는 자는, 하나님께서 하늘에 예비한 환난 날에, 하나님의 말씀과 예수님의 증거로 목 베임을 당하는, 순교를 통하여 첫째부활의 영광에 이르게 하시는, 더 좋은 부활의 말씀을 깨닫게 하여 소망하게 하시는 것입니다.

따라서 히브리서 11장35~38절에 "악형을 받되 구차히 면하지 아니하였으며, 또 어떤 이들은 희롱과 채찍질뿐만 아니라, 결박과 옥에 갇히는 시험도 받았으며, 돌로 치는 것과 톱으로 켜는 것과, 시험과 칼에 죽는 것을 당하고, 양과 염소의 가죽을 입고 유리하여 궁핍과 환난과 학대를 받았으니, 이런 사람은 세상이 감당치 못하도다. 저희가 광야와 산중과 암혈과 토굴에 유리하였느니라." 말씀하시는 것입니다.

그리고 또 히브리서 11장39~40절에 이 사람들이, 모두 믿음을 통하여 증거를 받았으나, 약속을 받지 못하였으니 하나님께서 우리를 위하여, 더 좋은 것을 예비하셨다고 말씀하고 있는데, 이 사람들은 히브리서 11장4~32절에 아벨로부터 시작하여 에녹, 노아, 아브라함, 이삭, 야곱, 등 믿음의 선진들과, 죽은 자를 부활로 받은 자들까지 말하는 것으로, 즉 이 사람들이 모두 믿음을 통하여 증거를 받았으나, 약속을 받지 못하였다는 것은, 갈라디아서 3장14절에 "이는 그리스도 예수 안에서 아브라함의 복이 이방인에게 미치게 하고, 또 우리로 하여금 믿음으로 말미암아 성령의 약속을 받게 하려 함이니라." 하신 성령의 약속을 말하는 것입니다.

사도행전 2장1~4절에 오순절의 성령 강림이 있기 이전에, 구약시대에는 성령이 내주하는 역사가 없었습니다. 그러나 하나님의 일을 할 때 성령으로 일하게 하시고, 믿음 생활을 할 때도 성령으로 이루게 하셨습니다. 그러나 오순절과 같이 성령이 우리 속에 임하게 하셔서, 오늘날과 같은 성령으로 안식하게 하시고, 성령이 주체가 되어 하나님 아버지의 뜻을 이루어 가는 성령시대는 아니었습니다. 그러므로 안식이 없는 사람들에게 하나님은 죄를 지으면, 소나, 양이나, 염소나 비둘기를 잡아 제사를 드리게 하였습니다. 제사를 드리면 육체는 정결케 되지만, 죽은 양심이 살아나거나 죄를 없이 할 수는 없었습니다.

물론 양심시대에는 제사법조차 없었습니다. 양심이 법이 되

제7장 더 큰일과 더 좋은 부활의 신앙

어 살았지만 오늘날은 성령시대인데, 온전한 안식이 없는 믿음으로 살았으니, 부활의 말씀도 희미하고 미약하지만, 희미하고 미약하나마 하나님께서는 우리를 위하여, 더 좋은 부활로 이끄시기 위하여, 친히 성령으로 오실 것을 약속하셨습니다. 우리들이 약속의 성령을 받게 되면, 하늘나라의 영광에 합당한 열매를 맺는, 부활의 생명이 되게 하여 살게 하셔서, 더 좋은 부활을 온전히 이루게 역사하도록 이끌어주시는 것입니다. 우리들이 성령을 받고 성령을 체험하여 온전한 삶을 살게 되면, 이삭과 같이 번제로 제사 드린 하나님의 아들이 되는 생명이 되는 것입니다.

즉 율법시대는 줄기와 같고 양심시대는 뿌리와 같은 것인데, 식물이 뿌리가 없다면 줄기와 잎이 있을 수 없는 것으로, 뿌리는 줄기를 있게 함이요. 줄기는 이삭이 나오게 하여 열매를 맺게 하기 위함인 것입니다. 농부의 수고도 열매인 알곡의 곡식을 얻기 위함인데, 이삭이 없으면 어떻게 되겠습니까? 제아무리 뿌리가 튼튼하고 줄기가 실하여도, 아무 소용이 없는 것입니다.

오늘날도 이와 같이 성령으로 더 큰일과, 더 좋은 부활을 위하여 성령님은 우리에게 역사하시는 것입니다. 시편 23편5절에 다윗왕은 "주께서 내 원수의 목전에서 내게 상을 베푸시고 기름으로 내 머리에 바르셨으니 내 잔이 넘치나이다."라고 하였는데, 내 머리에 바르신 기름은 즐거움과 기쁨의 기름으로, 성령을 통하여 기쁨으로 하늘나라의 더 나은 본향을 바라보며, 더 큰일을 이루시는 하나님의 역사로, 기쁨이 가득함으로 돌이켜 회개할 때, 종전에 고통보다 기쁨이 더 큼으로 승리하게 되는 것입니다.

다시 말하면 더 좋은 부활인 첫째부활의 영광의 이르는 믿음의 길에는, 환란과 핍박과 여러 어려움의 어두움 속에 고통스럽지만, 그 고통들보다 성령을 통하여 주시는, 하늘 영광 즉 누가복음 9장28~36절과, 마가복음 9장2~13절에 따로 높은 산에 올라가, 저희 앞에 변형되사 그 얼굴이 해 같이 빛나며, 옷이 빛과 같이 희어졌더라. 때에 모세와 엘리야가 예수로 더불어, 말씀하시는 것이 저희에게 보이거늘, 베드로가 예수께 여짜오되 주여 우리가 여기 있는 것이 좋사오니, 주께서 만일 원하시면 여기서 초막 셋을 짓되, 하나는 주를 위하여 하나는 모세를 위하여, 하나는 엘리야를 위하여 하리다 말할 때, 구름 속에서 소리가 나 가로되, 이는 내 사랑하는 아들이요. 내 기뻐하는 자니 너희는 저의 말을 들으라. 제자들이 듣고 엎드리어 심히 두려워하니, 두려워 말라 하신대 제자들이 눈을 들고 보매, 오직 예수 외에는 아무도 보이지 않더라는, 더 좋은 부활의 모습을 환상으로 보여주심으로 이기게 하시는 것이, "내 잔이 넘치나이다."하는 고백의 의미인 것입니다.

그리고 시편 23편6절에 다윗 왕이 "나의 평생에 선하심과 인자하심이 정녕 나를 따르리니, 내가 여호와의 집에 영원히 거하리로다." 하셨는데, 다윗 왕의 이 고백은 항상 풍성하게 더 큰일을 이루시고, 더 나은 본향, 더 좋은 부활로 인도하시는 그 역사 안에서, 영원토록 여호와의 집에 거한다는 말씀입니다. 그러므로 다윗왕은 그의 심령이 영원한 생명 안에 살게 되고, 그 속에서 기뻐하지 않을 수가 없는 자가 되었던 것으로, 오늘날도 우리에게 다윗 왕과 같이 더 큰일을 이루고, 더 좋은 부활에 이르는 역사에 함께 하는 자들이 되기를 원하는 것입니다.

4 진리의 빛으로 등불을 켜서 완전히 깨닫게 하는 역사

진리의 빛으로 등불을 켜는 역사는, 요한계시록 4장5절에 "보좌로부터 번개와 음성이 뇌성이 나고 보좌 앞에 일곱 등불을 켠 것이 있으니 이는 하나님의 일곱 영이라."는 말씀에 나타내셨으니, 즉 보좌는 이 세상에 있는 보좌가 아니라, 하늘의 하나님 아버지의 보좌를 말하는 것으로, 아버지 보좌 앞에 일곱 등불을 키셨으니, 보좌 앞은 아주 밝음을 나타내는 것입니다.

하나님 아버지는 예수님의 아버지시며 우리들의 친 아버지이십니다. 그런데 어떤 사람들은 양아버지로 아는 분들도 있는데, 양자의 영은 하나님의 아들들인 우리들을, 하나님의 아들답게 길러 가시는 성령을 뜻하는 것으로, 세상적인 우리들의 개념인 양자를 말하는 것이 아닌 것입니다. 하늘 보좌에 계시는 우리의 친 아버지는 이 세상에 보낸, 하나님이 자녀들을 위하여 쉬임없이 일하시고 계신 것입니다.

요한복음 5장17절에 예수님께서 내 아버지께서 일하시니 나도 일한다고 하셨고, 창세기 2장2~3절에는 하나님 아버지께서, 모든 일을 마치시고 그날에 안식하셨다고 하였고, 또 하나님의 안식에 들어오라고 말씀하고 있습니다. 즉 하나님 안식에 들어오라는 말씀은, 하나님께서 창조하셔서 만드신 일은 끝났지만, 하나님께서 만든 것들로 하나님의 아들들의 구원의 일과, 더 큰 구원의 역사를 계속하여 이루실 것을 나타내신 것입니다.

그리고 하나님 아버지의 보좌는 영광의 보좌인데, 그 영광의 보좌를 누구를 위하여 준비하신 것이겠습니까? 바로 이 세상에 보낸 하나님의 아들들에게, 영광을 입혀주시기 위하여 계속 일하시는 아버지의 보좌인 것입니다. 그러므로 오늘 이 말씀을 듣는 분은 이 영광의 보좌가 보여야하는 것입니다. 영광의 보좌에 하나님 아버지가 보여야, 영광의 자리에 앉아계신 하나님 아버지와, 우리 자신의 관계가 어떻게 되어있는가를 깨닫게 되는 것입니다.

보좌 앞에는 일곱 등불이 켜져 있다고 하였는데, 일곱 등불은 일곱 영으로 요한계시록 1장4절에 일곱 영과 같은 것으로, 요한계시록 21장23절에 "그 성은 해나 달의 비침이 쓸데없으니 이는 하나님의 영광이 비취고 어린양이 그 등불이 되심이라." 말씀하고 있으니, 보좌 앞에 일곱 등불을 켠 것이 일곱 영(헵타 프뉴마타, $\epsilon\pi\tau\grave{\alpha}\ \pi\nu\epsilon\acute{\upsilon}\mu\alpha\tau\alpha$)인데, 하나의 등불이 켜지면 하나의 영광을 더욱 밝히 볼 수 있고, 두 번째 등불을 켜면 또 하나의 영광의 세계보다, 한 단계 더 높은 영광으로 밝아지게 되는 것입니다. 그렇게 하여 일곱 등불이 다 켜지면, 어두움이 하나도 없이 완전해져 하늘나라에, 하나님 아버지께서 준비하여 두신 모든 영광의 세계가 보여져서, 하나님께서 우리로 이루시는 영광의 역사가, 환하게 밝히 보이게 하는 것이 보좌 앞에 일곱 등불을 켜신 역사인 것입니다.

따라서 일곱 등불의 역사는 성령의 일곱 영을 말하는데, 성령이 일곱이 있다는 말씀이 아니라, 성령의 역사로 말미암아 영이 밝아지는 일곱 단계의 역사를 말하는 것으로, 즉 하늘의 영광의 세계를 온전히 밝혀주는, 깨달음의 역사를 가리키는 것입니다. 그러므로 성령의 등불 하나가 켜지면 우리들의 자신 속에, 그만큼 하나님의 영광의 말씀으로 밝아지고, 믿음이 더욱 충만해지게 되는 것입니다.

요한복음 13장21~26절에 "너희 중 하나가 나를 팔리라." 말씀하심으로서, 제자들이 불안하여 서로 의심하고 있을 때, 요한 사도는 요한복음 13장23절에 "예수의 제자 중 하나 곧 그의 사랑하시는 자가 예수의 품에 의지하여 누웠는지라." 말씀하심과 같이, 요한 사도는 주님의 사랑 안에 먼저 거하는, 제자가 되어 있음을 보여주고 있습니다.

그러나 다른 제자들은 주님께서 사랑하는 온전한 사랑 안에 거하지 못하고, 자신들의 열심으로 주님을 사랑하고 있습니다. 그리하여 자신들의 힘이 미약하고 나약해지면, 쓰러져 주님을 언제라도 놓아버릴 수 있고, 또 떠나갈 수도 있는 믿음의 자리에 있는, 인간적 사랑이 앞서 있는 제자들 이었습니다.

따라서 예수님께서 "너희 중 하나가 나를 팔리라."는 말씀을 하실 때에, 사도요한을 제외한 다른 사도들은, 혹시 자신들이 아닐까 하고 걱정하였습니다. 그들 중 앞장서길 좋아하는 베드로는, 직접 "누구이니까?"하고 여쭈어 보고 싶었지만, 혹시 자신이 주님을 팔자로 지목을 받을까봐 두려워서, 예수님의 품에 누워있는 요한 사도에게, 눈짓으로 여쭈어 보도록 시켰는데, 요한 사도를 제외한 다른 제자들은, 지옥 갈 근심이 쌓여있던 제자들입니다.

즉 지옥 갈 근심에 쌓여있는 자들은, 첫 번째 등불이 켜지지 않은 사람들입니다. 오늘날도 이러한 목사님들과 신자들이 많이 있는데, 하나님의 계명을 지키지 않아도 지옥 가고, 자살을 하여도 지옥 가고, 주일성수를 안하여도 지옥 간다고 하는 등, 지옥 간다는 말씀을 하는 분들은, 아직 첫 번째 등불이 켜지지 않아서, 어두움 가운데 있음으로 그런 말이 나오는 것입니다. 그러므로 첫 번째 성령의 불이 켜진 사람들에게는, 지옥 또한 보이지 않는 것입니다. 성경 어디를 보아도 지옥은 보이지 않습니다. 그리고 죽음의 공포 또한 없으며 지옥의 어두운 부분도 없게 되는 것입니다.

두 번째 성령의 등불이 켜진 사람은, 두 번째 등불로 밝혀주어서, 하늘나라의 것으로만 가득하게 하여주십니다. 골로새서 3장1~4절에 "그러므로 너희가 그리스도와 함께 다시 살리심을 받았으면 위엣 것을 찾으라. 거기는 그리스도께서 하나님 우편에 앉아계시느니라. 위엣 것을 생각하고 땅엣 것을 생각지 말라. 이는 너희가 죽었고 너희 생명이 그리스도와 함께 하나님 안에 감추었음이라. 우리 생명이신 그리스도께서 나타나실 그 때에 너희도 그와 함께 영광중에 나타나리라." 말씀하심과 같이, 하늘나라의 소망과 영광으로 가득 채워져서, 세상의 불타버릴 것은 믿음의 생활 속에 하나도 없게 되는 것입니다.

세 번째 등불이 성령의 불로 켜지면, 주님이 보여주신 하늘나라의 소망대로, 필요한 은혜를 넘치게 부어주시는 것을 모두 깨달아, 은혜 안에 충만한 신앙이 되어지는 것입니다. 하나님께서 천사를 통하여 내려 보내주시는, 은혜는 쏟아버릴 것이 없는 것입니다. 그러므로 하늘 소망으로 가득차 있는 우리들에게, 그 소망을 이루게 하시기 위하여 필요한 은혜를, 넘치게 부어주시는 때는 "내 잔이 넘치나이다. 하나님 아버지!"하고, 고백하는 여러분들이 되시기를 바랍니다.

우리는 어떤 때는 매일 말씀을 달라, 또 은혜를 달라. 또 일용할 필요한 것을 달라고 지금까지 할 때마다, 하나님께서

제7장 더 큰일과 더 좋은 부활의 신앙

는 넘치도록 말씀과 은혜를, 주체할 수 없을 정도로 내려주셨습니다. 그런데 우리들이 계속 달라고 하는 것은, 주실 때마다 쏟아버리는 것이 많아서 채워지지 않았기 때문입니다. 그러므로 계속 쏟아버리고만 있으면 오르락내리락하는 역사가 없게 되는 것입니다.

따라서 세 번째 등불을 켜지 않으면, 하나님이 주시는 은혜를 깨닫지 못하게 되는 것입니다. 두 번째 등불을 켜서 하늘 소망으로 가득 채우고, 그 가운데 산다고 할지라도 그에 합당한 생명에게 주시는, 내 잔이 넘치게 하는 하나님의 은혜를 깨닫고, 감사하는 찬송과 기쁨으로 넘치는 생명의 역사가 없으면, 오르락의 역사가 되지 못하는 것입니다. 그러므로 세 번째 등불을 켜는 심령이 되어지면, 하나님께서 은혜로 내려주시는 내리락으로, 더 밝은 심령이 되어져서 하나도 쏟아버릴 것이 없게 되고, 더 크고 높은 하나님의 은혜의 사랑에, 더 큰 감사와 찬송으로 오르락이 되게 하시는 것입니다.

네 번째 등불을 켜는 성령이 임하게 되면, 네 번째 등불인 능력으로 충만케 되어지는 것인데, 즉 네 등불이 켜져서 아주 밝아지게 됨으로서, 세상의 미혹을 이기는 권능이 충만하게 되어, 우리들이 주의 일을 할 때 큰일을 감당하게 되면 교만에 빠지기 쉽습니다. 그런데 네 번째 성령의 등불이 켜지면 제아무리 큰일을 하여도, 큰일을 이루시게 하는 하나님 안에서 자신은 죽고, 하나님의 뜻으로 이루어지는 것을 깨닫고, 자신의 교만에 넘어지지 않도록 엄습하는 것을 잘라내는, 능력이 있게 됨으로 예수님의 크신 사랑과, 하나님의 영광만을 나타내게 되는 것입니다.

따라서 네 등불이 켜지면 진리의 길을 가고 있는, 수많은

우리는 믿음으로 어떻게 구원에 이르고 의로운 자가 되는가?

믿음의 아들들을 미혹에서 밝아지게 하여, 실족당하지 아니하는 신앙에 이르게 되는 것으로, 즉 환란 전에 휴거된다거나, 천년왕국도 없고, 첫째부활도 거짓말이요. 환란 당하고 핍박 당하는 일도 없다고 속삭일 때, 어두움이 없고 진리의 등불이 밝혀져 있음으로, 속임에 빠지지 않고 진리 안에서 끝까지, 성령에 이끌림 받아 영광의 믿음에 이르게 되는 것입니다.

다섯 번째 성령의 등불이 켜지면, 하나님께서 지으신 모든 피조물을 통하여, 하나님께서 이루시는 모든 역사를 깨닫게 되는 것으로, 모든 만물 속에서 사단과 마귀의 악한 자의 역사뿐만 아니라, 선한 천사의 선한 사역도 환하게 볼 수 있는 단계로, 성경을 통하여 말씀하신 진리의 오묘한 역사를 모두 깨달아 보게 됩니다. 그러므로 성경 어느 곳을 보든 하나님께서 나타내신, 말씀을 밝히 드러내낼 수 있게 되는 것입니다.

오늘 이 말씀을 보는 하나님의 아들들은 모두 다, 다섯 번째 성령의 등불이 켜지시기를 바랍니다. 물론 성령의 불을 켜는 것은 우리들이 아니라, 영광의 주님께서 성령의 역사를 통하여 등불을 켜주시는 것이지만, 우리들은 다섯 번째 등불을 밝히는 자들이 되어야 하는 것입니다. 여러분들이 성경을 볼 때 대개는 깨달아 지고, 모든 만물은 하나님께서 우리들을 위하여 주시는 것으로 알고, 깨닫는 부분이 조금 약하거나 모르는 부분이 있어도, 전체적으로 알게 되는 것은 그만큼 밝아져 가고 있다는 증거인 것입니다. 그러므로 다섯 번째 성령의 등불을 켤 수 있도록 우리는 힘써야 할 것입니다.

여섯 번째 등불이 성령으로 켜지면, 하나님의 말씀을 대언하고 증거하는데 온전하여져서, 예수님께서 하나님의 뜻을 온전히 이루었듯이, 우리들도 하나님의 말씀에 합당하게 대언하

제7장 더 큰일과 더 좋은 부활의 신앙

여, 증거하는 자가 됨을 말씀하시는 것입니다. 다시 말하면 성령께서 증거하는 말씀을 듣고, 들은 그대로 다른 말씀을 섞지 않고, 그대로 전하게 됨을 말씀하시는 것입니다. 하나님이 주시는 것 외에는 다른 것을 첨가하거나, 또 빼지 않고 증거하게 하는 등불인, 여섯 번째 성령의 등불로 환하게 밝혀주신 대로, 보고 증거하는 성령의 단계를 보게 함으로서, 더 큰 구원, 더 나은 본향, 더 좋은 부활에 이르게 하는 것입니다.

일곱 번째 등불을 켜는 역사는 하늘나라에 어느 곳도, 어두움이 없이 밝히 보여 우리의 심령에 온전히, 하나님의 나라로 밝아지는 믿음의 단계를 말하는 것입니다. 즉 하늘나라의 영광의 영으로 충만하여, 요한계시록 21장10~24절에 거룩한 성 예루살렘을 보는 것으로, 그 성의 빛이 지극히 귀한 보석 같고 벽옥과 수정 같이 맑으며, 그 성의 성곽은 열두 기초석이 있고, 그 위에 어린양의 십이 사도의 이름이 있으며, 기초석은 벽옥과 남보석과 옥수요. 녹보석이요. 홍마노요. 홍보석이요. 황옥이요. 녹옥이요. 담황옥이요. 비취옥이요. 청옥이요. 자수정인 성으로, 그 열두 대문은 진주요 성의 길은 맑은 유리 같은, 정금인 하늘의 성전을 보게 되는 단계를 말하는 것입니다.

따라서 일곱 등불을 밝히는 자는, 하나님께서 이 세상에서 더 좋은 부활로 이루고, 영원무궁토록 가장 복된 하늘의 영광으로 이루시는, 그 하늘나라의 세계가 완전히 밝히 보이게 되는 것입니다. 우리 인간들은 이 세상의 우주도 다 헤아려볼 수 없는데, 일곱 등불이 환하게 켜지면 완전한 밝음으로, 우주 만물은 물론 하늘나라도 밝히 보게 됨으로서, 하늘 영광을 이루는 역사 안에서 기뻐하는 믿음의 사람이 되는 것입니다.

그러므로 순교할 때도 기쁨으로 하게 되는 것입니다.

성경 말씀에는 부활에 대하여 세 부분으로 말씀하고 있는데, 첫째가 백보좌 심판 때에 모두가 다 신령한 몸으로 부활하게 되는 것이요. 두 번째는 백보좌 심판보다 천년 앞서, 예수님이 재림하실 떼에 부활하는 자가 있는데, 이때 부활하는 자들은 순교한 자들로, 첫째부활에 참여하는 자들이며 하늘 영광에 참여하는 가장 복된 자요. 가장 좋은 부활을 하는 자들입니다.

세 번째 부활은 여자가 죽은 자를 부활로 받았다는, 히브리서 11장35절에 말씀하신 것과 같은 부활로, 열매 맺는 몸으로 다시 살림받은 부활을 말하는 것입니다. 다시 말하면 오늘날 하늘나라에서 영원히 누릴, 영광을 예비하는 열매 맺는 것을 말하는 것으로, 이 열매는 영원한 것이며 영원한 생명이 되는 것입니다. 그러므로 예수님을 죽은 자 가운데서 살리신 이의 영이, 우리 안에 거하셔서 영적으로 열매 없는 죽음 가운데 있던, 우리들을 다시 살리셔서 열매 맺는 몸이 되게 하셨으니, 이 모든 열매는 하늘에 영원한 것으로, 영원히 누리는 우리들의 상급으로 존재하게 되는 것입니다. 마지막 때의 심판인 백보좌의 심판 때 부활만 보는 자는, 더 좋은 부활을 볼 수도 없고 누릴 수도 없습니다. 더 좋은 부활을 보는 자는 부활하신 주님 안에서 사는, 부활의 신앙으로 오늘날 열매 맺는 생명이 있는 자들이 볼 수 있는 것입니다.

제7장 더 큰일과 더 좋은 부활의 신앙

성령의 등불에 의한 증거

 성경 말씀에서 등불(뤼크논, λύχνον)은 요한복음 5장35절에서 "요한은 켜서 비취는 등불이라. 너희가 일시 그 빛에 즐거이 있기를 원하였거니와," 하신 말씀에 나타내셨는데, 즉 등불은 생명의 말씀을 증거하여 나타내는 사람을 말하는 것입니다.

 구약의 이사야서 42장5~9절에도 "하늘을 창조하여 펴시고 땅과 그 소산을 베푸시며 땅위의 백성에게 호흡을 주시며 땅에 행하는 자에게 신을 주시는 하나님 여호와께서 이같이 말씀하시되, 나 여호와가 의로 너를 불렀은즉 내가 네 손을 잡아 보호하며 너를 세워 백성의 언약과 이방의 빛이 되게 하리니 네가 소경의 눈을 밝히며 갇힌 자를 옥에서 이끌어내며 흑암에 처한 자를 간에서 나오게 하리라. 나는 여호와니 이는 내 이름이라. 나는 내 영광을 다른 자에게 내 찬송을 우상에게 주지 아니하리라. 보라 전에 예언한 일이 이미 이루었느니라. 이제 내가 새 일을 고하노라. 그 일이 시작되기 전이라도 너희에게 이르노라." 말씀하심에서도, 등불은 생명의 말씀을 비취는 것임을 깨닫게 하고 있는 것입니다. 그러므로 등불은 생명을 밝히는 생명의 말씀을 증거하는, 하나님의 부름을 받아 성령으로 생명의 길을 비취는, 하나님의 종들을 말하는 것인데, 어떤 사람들이 비취는 등불이 되었는가를 살펴보도록 합니다.

우리는 믿음으로 어떻게 구원에 이르고 의로운 자가 되는가?

1 너희는 세상의 빛이라

등불(뤼크논, λύχνον)은 성경에서 생명의 말씀을 증거하는 사람임을 말하고 있는데, 마태복음 5장14절~16절에 "너희는 세상의 빛이라 산 위에 있는 동네가 숨기우지 못할 것이요. 사람이 등불을 켜서 말 아래 두지 아니하고 등경 위에 두나니, 이러므로 집안 모든 사람에게 비춰느니라. 이 같이 너희 빛을 사람 앞에 비취게 하여 저희로 너희 착한 행실을 보고 하늘에 계신 너희 아버지께 영광을 돌리게 하라." 하신 말씀에서도 나타내셨는데, "너희는 세상의 빛이라." 하신 세상은 "코스무(κόσμου)"로, 우주 또는 세상을 말하나, 본 절의 세상은 어둠에 있는 자녀들을 가리킵니다. 어둠에 있는 자녀는 주님을 믿지 않는 하나님의 자녀들도 해당되지만, 주님을 믿어도 진리의 빛이 없는 자녀들도 말하는 것입니다.

빛은 "포스(φῶς)"로 빛의 근원은 영원한 생명이신 하나님과 예수님이시며, 나는 세상의 빛이라 하신 빛의 대상은, 예수님이심을 나타내는 것입니다. 따라서 빛이신 예수님이 내 안에 계심으로, 내가 세상의 빛이 되는 것인데, 즉 내 자신이 빛이 아니라 빛이 되신 예수님이, 나와 함께 있어서 나로 하여금 빛을 비추는 등불이 되게 하신다는 것입니다. 그러므로 너희는 세상의 빛이라 말씀하신 것입니다.

요한계시록 21장10절에 가장 크고 높은 산 위에 예루살렘성이 있다고 하였습니다. 새 예루살렘성은 어린양의 신부를 말하며, 신부되는 말씀이 있는 교회를 나타내는 것입니다. 그러므로 산 위에 있는 동네 새 예루살렘성은 "너희는 세상의 빛이라." 하신 말씀과 같이, 빛에 의하여 맺어진 영광의 열매를 맺게 하는 교회를 말하는 것입니다.

그리고 "사람이 등불을 켜서 말 아래 두지 아니하고 등경 위에 두나니,"하심의, 등불은 "뤼크논(λύχνον)"으로 올리브유가 담긴 작은 심지가 있는, 진흙으로 만든 작은 등을 가리키는데, 등불은 등경위에 올려놓아 비취게 합니다. 그러므로 이 말씀은 우리를 세상의 빛이 되게 하시기 위하여, 예수님이 우리를 먼저 등불이 되게 하신 후에, 빛을 비출 수 있는 장소에 두시는 것을 가리키는 말씀입니다.

따라서 본 절에 보면 사람이 등불을 켰다고 하였으니, 이는 예수님이 우리를 등불로 만드신 것을 말합니다. 예수님은 빛의 근원이심으로 우리가 등불이 된 것이며, 등불 된 우리가 마음껏 빛을 비추자 하여, 빛을 비출 수 있는 것이 아닙니다. 등불은 그 등을 켠 사람이 비출 곳에 갖다 놓아야 비추는 것입니다. 그러므로 우리가 말씀을 증거하여 영혼을 살렸다는 생각을 하면 안 되는 것으로, 즉 주님께서 사람으로 등불을 켜서 등경 위에 둔다는 말씀의 의미입니다.

또 베드로후서 1장19절에 "또 우리에게 더 확실한 예언이 있어 어두운데 비취는 등불과 같으니 날이 새어 샛별이 너희 마음에 떠오르기까지 너희가 이것을 주의 하는 것이 가하니라." 하신 말씀에서도, 어두운 곳을 비취는 등불과 같다고 하고 있습니다. 그러므로 확실한 예언은 베드로를 마태복음 17장1~5절에, 예수께서 따로 높은 산으로 데리고 가서서, 예수님의 부활한 영광의 모습을 보게 함으로서, 베드로도 예수님과 같이 부활할 것을 보게 하신 것입니다.

따라서 예수님께서 부활하시고 재림하셔서 천년왕국 때에, 만왕의 왕으로서 함께 베드로도 첫째로 부활시켜, 통치할 것을 소망하게 되어 순교의 삶을 살았던 것입니다. 오늘날 우리들에게도 첫째부활의 예언의 말씀이 있어서, 어두운 곳을 비취는 등불이 되게 하심으로, 예수님의 재림의 길을 준비하게 하시고, 마지막 때 환란 날인 1260일 동안 예언하는 자로 삼으신 것입니다.

그런데 등불을 밝힐 수 있는 기한은 한정되어 있습니다. 요한복음 9장4절에 "밤이 오리니 그때에는 아무도 일할 수 없느니라." 하셨습니다. 그러므로 디모데후서 4장1~2절에서 "하나님 앞에 산자와 죽은 자를 심판하실 그리스도 예수 앞에서, 그의 나타나실 것과 그의 나라를 두고 엄히 명하노니, 너는 말씀을 전파하라. 때를 얻든지 못 얻든지 항상 힘쓰라. 범사에 오래 참음과 가르침으로 경책하며 권하라." 말씀하고 있는 것으로, 우리는 언제나 힘써 빛을 밝히는 일을 하여야 함을 깨닫게 하시고 있습니다.

제8장 성령의 등불에 의한 증거

◆2 이방의 빛이 되게 하리라.

　이방의 빛이 되게 한다는 말씀은 이사야 42장5~8절에 "하늘을 창조하여 펴시고 땅과 그 소산을 베푸시며 땅위의 백성에게 호흡을 주시며 땅에 행하는 자에게 신을 주시는 하나님 여호와께서 이같이 말씀하시되, 나 여호와가 의로 너를 불렀은즉 내가 네 손을 잡아 보호하며 너를 세워 백성의 언약과 이방의 빛이 되게 하리니 네가 소경의 눈을 밝히며 갇힌 자를 옥에서 이끌어내며 흑암에 처한 자를 간에서 나오게 하리라. 나는 여호와니 이는 내 이름이라. 나는 내 영광을 다른 자에게 내 찬송을 우상에게 주지 아니하리라." 하신 말씀에서 보여주고 계신데, 이방은 하늘을 창조하시고 펴시고 우리를 자녀 삼으신, 하나님께서 예수님을 구주로 삼아 우리를 죄에서 구원하여 주신 것을, 믿지 않는 모든 사람들이 이방인인 것입니다.

　즉 마태복음 4장15절~16에 "스불론 땅과 납달리 땅과 요단강 저편 해변 길과 이방의 갈릴리여, 흑암에 앉은 백성이 큰 빛을 보았고 사망의 땅과 그늘에 앉은 자들에게 빛이 비취었도다." 하시고 있듯이, 이방의 땅은 흑암과 어두움의 땅을 말하는 것으로, 이는 이사야서 9장1~2절의 말씀을 인용한 것인데, 하나님께서 이스라엘백성을 하나님의 백성으로 택하셨습니다. 그런데 이방인과 같은 생활을 하고 있음으로 이방의 갈릴리여 하신 것입니다. 그러므로 빛은 흑암을 비춤으로 드러나게 됩니다. 따라서 흑암에 앉은 백성이 큰 빛을 보았다는 것은, 어두움을 비추는 빛인 빛을 비춤으로서 불빛의 본분을 다함 같이, 참 빛이 되시는 예수님이 갈릴리로 나아가심으로,

우리는 믿음으로 어떻게 구원에 이르고 의로운 자가 되는가?

생명의 빛인 예수님의 역사가 시작되었음을 나타내고 있는 것입니다.

　6절에 이방의 빛으로 준다는 말씀은 예수님을 구주로 믿지 않는 사람들과, 하나님을 모르는 사람들에게 우리들을 등불로 삼아, 생명의 빛을 비취게 한다는 뜻으로, 마태복음 6장31～32절에 예수님으로부터 죄사함을 받은 자들이, 무엇을 먹을까? 무엇을 입을까? 무엇을 마실까? 염려하는 사람들은 이방인과 같다는 말씀입니다. 즉 오늘날도 교회는 나오지만 육신적인 것을 위하여, 사는 사람들은 이방인과 같다는 것입니다. 그러므로 이러한 믿음을 가진 사람들에게 생명의 등불이 되게 하여, 살리는 역사를 하게 하신다는 말씀인 것입니다.

　따라서 7절에 소경의 눈을 밝히는 눈은, 육신의 눈을 밝히는 눈이 아니라, 하늘의 생명의 역사를 보는 눈을 가리키는 것으로, 하나님께서 이루실 생명의 역사를 보는 눈을, 뜨게 하는 등불로 우리를 보낸다는 것이요. 갇힌 자를 옥에서 이끌어 낸다는 말씀도, 죄악의 사망 권세 아래 갇힌 자, 사단에게 포로가 되어 있는 자들, 예수님을 믿어도 사단에게서 자유함이 없는 자들에게, 진리를 비취게 하여 빛 가운데로 인도하여, 주님의 품에 안기게 하신다는 뜻의 말씀입니다. 그러므로 사도행전 3장19절에 "그러므로 너희가 회개하고 돌이켜 너희 죄 없이 함을 받으라. 이 같이 하면 유쾌하게 되는 날이 주 앞으로부터 이를 것이요."라고 말씀하고 있는 것입니다.

　우주 만물뿐만 아니라 모든 세계는 하나님이 창조하셨음으로, 참 신은 하나님 한분뿐이십니다. 그 외에 모든 것은 하나님의 피조물들인데, 우리 인간들은 가끔 피조물을 창조주 하나님같이, 섬기거나 그것들에 안식을 구할 때가 많은데, 이것은 아직도 죽음과 사망의 권세에 매여 종노릇하는 것입니다. 그러므로 죄의 문제가 해결 안 된 채, 죄의 권세 아래 결박당한 자는 죄의 옥에 갇힌 자입니다. 즉 우리들이 회개를 할 때 공의의 하나님 앞에서, 불의 한 것과 죄악을 범한 것을 회개하는가, 아니면 자신을 위하여 중보하시고 진정한 사랑으로 대하시는, 그분의 사랑의 말씀으로 잘못된 부분을 깨닫고, 하나님의 긍휼과 끝까지 사랑하시는 하나님의 사랑 안에서, 회개하는 자가 되는 가에 따라 감옥에 갇힌 자와 구별되어지는 것입니다. 그러므로 참다운 회개는 인간적 인륜에 따르는 회개가 아니라, 하나님의 말씀을 듣고 깨달을 때 그 말씀에 대하여, 잘못된 부분을 돌이키는 것이 진정한 회개가 되는 것임을 말하는 것입니다.

아시야 42장8절에는 "나는 여호와니 이는 내 이름이라. 나는 내 영광을 다른 자에게 내 찬송을 우상에게 주지 아니하리라." 하셨는데, 여호와라는 이름은 "언약을 지키는 자, 자기 백성을 구속하는 자,"의 의미로(출6:3), "언제나 존재하는 분"을 나타낸 표현이요. "나는 내 영광을 다른 자에게 주지 아니하리라." 하시는 말씀은, 하나님 아버지의 영광은 하나님 아버지의 것이요. 아버지는 아들과 구별 짓지 않고, 아들에게 주시는 것이 아버지의 것이고, 또 아버지의 것으로 아들이 기뻐하는 것입니다.

그런데 모든 아들들이 하나님의 영광을 받는 것일까요? 그렇지는 않습니다. 내 찬송을 우상에게 주시지 않는다고 하신 말씀대로, 우상을 섬기는 자들에게는 주시지 않는 것입니다. 우상은 눈에 보이는 우상이 있고, 눈에 보이지 않는 우상이 있는데, 본문에 우상은 눈에 보이는 형상의 우상이 아니라,

눈에 보이지 않는 우리들의 마음속에 존재하고 있는 우상을 말하는 것으로, 즉 진리인 하나님의 뜻에 반하는 모든 믿음의 우상을 말하는 것입니다.

　다시 말하면 예수님보다 더 든든하고 좋아하는 것이 있게 되면, 그것이 우상이 되는 것입니다. 그러므로 우상이 나타나는 것은 하나님에 대하여, 근본적으로 잘못 이해하기 때문이며, 인간의 오만으로 나타나고 인간들의 부도덕한 생활로 나타나는데, 마가복음 8장33절에 "베드로를 꾸짖어 가라사대 사단아 뒤로 물러가라. 네가 하나님의 일을 생각하지 아니하고 도리어 사람의 일을 생각하는도다." 하고 꾸짖으셨습니다. 오늘 우리들도 이 말씀을 보는 여러분들은, 오직 복음의 진리 안에서 이방의 빛으로 세움 받아, 하나님의 영광을 나타내는 등불이 되어야함을 깨닫게 하시는 것입니다.

제8장 성령의 등불에 의한 증거

◆3◆ 내가 이제 새 일을 이르노라.

하나님께서는 지금까지 우리를 위한 구원의 역사를 이루셨는데, 이사야 42장9절에 "보라 전에 예언한 일이 이미 이루었느니라. 이제 내가 새 일을 고하노라. 그 일이 시작되기 전이라도 너희에게 이르노라." 말씀하심으로서, 특별히 새 일을 하기 전에 새 일을 우리들에게 알린다고 말씀하시고 있습니다.

즉 새 일이란 무슨 일을 말씀하시는 것일까요? 하나님께서 더 좋은 부활이나 더 큰일을 이루시기 위하여, 환란을 앞두고 역사하는 연단의 역사로서, 주님의 재림 전에 이루는 역사가 새 일인 것입니다. 또 비진리로 어두워져 있거나 세상적 믿음으로, 부패한 신앙적 교회를 바로 세우고, 온전히 회개시키는 일도 새 일입니다. 그러므로 하나님의 은혜로 구원하여 주신, 하나님의 사랑을 잘못 증거하여 더 나은 부활의 생명의, 바른 역사를 이루지 못하면 새 일을 못한 것이 되는 것입니다.

요한복음 16장28절에 "내 아버지께로 나와서 세상에 왔고 다시 세상을 떠나 아버지께로 가노라." 말씀하시고 있는데, 오늘의 우리들도 하늘위에서 하나님의 아들들로 찬송하고 있다가, 이 땅에 육신을 입혀 보냄 받은 것을, 영의 눈으로 보아야 하는 것입니다. 그러나 육신의 부모로부터 태어나 세상에 나온 것으로만, 아는 사람들에게 우리들이 바로 잡아주어야 하는 것입니다. 하나님 아버지가 누구며 그의 아들 예수님이 어떤 분이시고, 성령 하나님은 어떻게 계셔서 삼위일체 하나님이, 되시는가를 깨닫게 하여야 하는 것입니다.

다시 말하면 삼위일체 하나님의 생명이 내 속에 존재하며,

우리는 믿음으로 어떻게 구원에 이르고 의로운 자가 되는가?

삼위일체 하나님 안에서 어떻게 살게 하시고, 열매 맺게 하시는 구원을 이끌어 가시는가를 알아야하는 것입니다. 하나님은 엘리야 선지자를 통하여 사르밧 과부의, 태의 열매인 아들을 살림받게 하셨고, 사르밧 과부의 믿음의 신앙도 살림받게 한 것과 같이, 다윗왕도 온전케 하셔서 이스라엘 백성들을, 바로 세우는 것과 같은 역사를 말하는 것입니다.

따라서 오늘날의 새 일은 마지막 환란 날에 사역할, 십사만 사천의 하나님의 종들에게 성령의 일곱 등불을 켜게 하여, 일곱 영으로 충만케 하여 이루실 역사가 새 일인 것입니다. 그러므로 새 일을 이룰 소명을 받은 자는, 일곱 영의 부음을 받아 예언하는 권세를 가지게 되며, 적그리스도와 거짓 선지자를 철장 권세로 대적하고, 환란 날에 더 확실한 등불이 되어 성도들의 심령 성전을 측량케 하셔서, 순교할 자들을 순교케 하여 하늘의 가장 큰 복인, 첫째부활로 장자의 복을 얻게 하시는, 역사가 새 일의 예언인 것입니다.

제8장 성령의 등불에 의한 증거

◆ 4 ◆ 내가 누구를 보낼꼬?

하나님은 엘리야 선지자와 다윗왕을 온전케 하셔서, 하나님의 생명을 밝히는 등불이 되게 하셨는데, 오늘 우리들에게도 등불의 역사가 필요함으로, 이사야 6장8절에 "내가 또 주의 목소리를 들은즉 이르시되 내가 누구를 보내며 누가 우리를 위하여 갈꼬 그 때에 내가 가로되 내가 여기 있나이다. 나를 보내소서." 말씀하셨는데, 본문에 "누가 우리를 위하여 갈꼬," 하신 말씀에, "우리"는 창세기 1장26절에서 설명하였듯이, 삼위일체 하나님을 말씀하시는 것입니다.

즉 성부 하나님, 성자 하나님, 성령 하나님을 말하는 것으로, 삼위일체 하나님을 깨닫고 그 생명의 빛의 역사가, 우리의 생명 속에 있게 하셔서, 그 빛으로 증거하는 자를 보내신다는 말씀입니다.

우리가 하나님 아버지를 깨달아 알 수 있는 것도, 아들이신 예수님을 통하여 계시해주심으로 알 수 있는 것입니다. 믿음이란 하나님께서 은혜로 예수 그리스도를 우리의 대속제물로, 우리의 죄를 사해 주시고 구원하여 주신, 그 은혜의 구원을 믿어 우리의 구주가 되셨음을 믿는 것입니다. 그러므로 우리는 은혜의 예수 그리스도를 구주로 믿음으로서, 예수 그리스도께서 계시하시는 하나님 아버지를 깨달아 알게 되고, 하늘에 예비하신 상급과 기업들을, 아들들을 위하여 준비한 것도 알게 되는 것입니다.

그리고 하나님 아버지께서 왜 우리를 위하여, 예수 그리스도를 대속제물로 주셨는가? 왜 그리스도 예수 안에 우리를 살게 하셨을까요? 바로 그것은 예수님께서 우리의 대속제물로 죽으심으로서, 우리의 죄를 사함 받게 하시고 부활하심으로서, 우리들도 함께 죄에 대하여 죽게 하고, 그리스도께서 죽은 자 가운데서 다시 사심과 같이, 우리들도 살림을 받게 하여 산 자가 되게 하시기 위함인 것입니다.

우리를 그리스도 안에서 살게 하는 것도, 그리스도 안에서 장성케 하기 위함인 것입니다. 즉 합당한 자에게 성령을 보내어 성령의 인도를 받아, 그 하나님의 의의 진리 가운데 바른 믿음으로 세워서, 하늘의 보좌 앞에 있는 일곱 등불을 모두 키게 하여, 우리의 심령을 환희 밝혀서 어떤 어두움도 없이 역사하게 하시는 것입니다. 그래서 하늘나라의 아버지의 세계나 이 땅에 아버지가 하시는, 모든 역사의 오묘한 진리를 깨닫게 하셔서, 빛으로 진리의 등불을 밝히는 역사를 이루게 하시는 것입니다.

오늘날 우리들은 예수님을 구주로 믿고 안다고 하여, 주님께서 보내는 자가 되는 것이 아닙니다. 하나님 아버지와 예수 그리스도와 성령으로, 내 안에서 이루시는 생명의 세계를 온전히, 깨달은 자만 택하여 보내시는 것입니다. 하나님을 믿는 자들은 하나님께서 생명으로 낳은 아들들입니다. 하나님의 씨인 말씀으로 아들들의 영으로 피조된 생명들인 것입니다. 그러므로 성부 하나님이 우리의 속에 있는 것이요. 그의 아들의 영이며 아들의 영혼이라고 하는 것입니다.

그리고 성자 하나님의 구원의 생명이 우리 속에 있습니다. 성자 하나님이신 주님께서는 하늘의 제사장이신 멜기세덱으로, 하늘위에서 우리들을 영원히 지옥갈 수 없는 구원을 이루시고, 이 땅에 멜기세덱의 반차를 좇아 육신을 입고 오셔서, 우리들의 대제사장으로서 십자가에 피를 흘리심으로서, 우리

제8장 성령의 등불에 의한 증거

들을 예수님과 같이 의롭다 칭함을 받게, 우리들의 육신의 죄를 사해주시는 성자 하나님의 생명도, 우리들 안에 있게 하시는 것입니다.

또 성령 하나님이 우리 속에 계시게 하셨는데, 성령 하나님은 예수님을 우리들의 구주로 믿게 하시고, 생명의 말씀도 깨닫게 하셔서 바른 믿음의 길로, 인도 하시는 역사를 하시는 것입니다. 그리고 성령 하나님은 하늘나라를 보게 하시고, 기도와 찬양도 성령의 인도로 성령의 열매를 맺게 하시는 역사를 하시는 것입니다. 그러므로 우리들의 믿음이 하나님께 합당한 믿음에 이른 자들에게는, 그들의 심령 속에는 성령으로 이루는, 생명의 열매 맺는 역사가 있게 하시는 것입니다.

다시 말하자면 삼위일체 하나님의 생명이 우리들 속에 있음으로, 하나님 아버지께 합당한 믿음에 이른 자들을 통하여, 아버지와 아들과 성령의 역사를 증거하는 자로 택하여 보내신다는 말씀입니다. 오늘 우리들이 등불이 되는 것은 삼위일체 하나님을 온전히 아는 것입니다. 그러나 삼위일체 하나님을 온전히 모르고 증거함은 거짓 증거인 것입니다.

◆5 우리들을 온전한 다윗이 되게 하시는 역사

　하나님께서는 다윗 왕을 온전케 하시려고 역사 하셨는데, 사무엘하 1장~24장에 보면 많은 연단을 통하여, 육신의 악한 것을 빼어내는 역사를 보여주고 있습니다. 오늘날도 하나님께서는 다윗왕과 같이 우리들을 연단하여, 다윗왕과 같이 하나님 마음에 합한 자가 되게 하기위하여, 끊임없이 역사하고 계심을 깨닫게 하시고 있습니다.

　즉 사도행전 13장21~22절에 "하나님이 베냐민 지파 사람 기스의 아들 사울을 사십년 간 주셨다가, 폐하시고 다윗을 왕으로 세우시고 증거하여 가라사대, 내가 이새의 아들 다윗을 만나니 내 마음에 합한 사람이라. 내 뜻을 다 이루게 하리라 하시니," 말씀하심으로서, 다윗 왕의 믿음이 하나님의 마음에 합한, 믿음의 사람임을 보여주고 있습니다.

　그럼 다윗왕이 어떻게 하나님 앞에 합한 자가 되었는가를 살펴봅시다. 사무엘상 13장14절에 "지금은 왕의 나라가 길지 못할 것이라. 여호와께서 왕에게 명하신 바를 왕이 지키지 아니하였으므로 여호와께서 그 마음에 맞는 사람을 구하여 그 백성의 지도자를 삼으셨느니라." 말씀하셨는데, 하나님께서는 믿음으로 하나님의 말씀을 지키는 자로, 다윗을 미리 예정하시고 기름을 부어 왕으로 세우셨습니다. 그러나 왕으로 세움 받은 다윗왕의 삶은 그렇게 평탄하지 않았습니다.

　언제나 위협의 연속이었는데 그럴 때마다 하나님이 보호하시고, 지켜주셨음을 성경은 우리들에게 보여주고 있습니다. 사망의 음침한 골짜기를 다닐 때에는 주님의 지팡이와 막대기로, 다윗을 바로 세우는 역사를 은혜로 나타내셨고, 부족함이 없이 다 채워주셨습니다. 그러므로 다윗왕은 시편 23편5절에서 "주께서 내 원수의 목전에서 내게 상을 베푸시고 기름으로 내 머리에 바르셨으니, 내 잔이 넘치나이다."하고 하나님을 찬양하였던 것입니다.

다시 말하면 사무엘상 16장11~13절에 사무엘 선지자로부터, 다윗 왕이 기름부음을 받은 후, 어두움으로부터 돌이킴을 받은 다윗 왕은, 날마다 성령을 통한 기쁨으로 찬송하는 자가 되었습니다. 늘 푸른 초장에 하나님께서 누이시고, 잔잔한 물가로 인도하셔서 꼴을 배불리 먹이심으로서, 온전한 깨달음 안에서 안식하는 믿음의 사람이 되었던 것입니다. 그리고 마침내 시편 23편6절에서 다음과 같이 고백하기에 이르렀습니다. "나의 평생에 선하심과 인자하심이 정녕 나를 따르리니, 내가 여호와의 집에 영원히 거하리로다." 하셨으니, 여호와의 전이 어디에 있습니까? 바로 다윗왕의 몸으로 다윗의 심령이 성전이 되게 하신 것입니다.

인간의 정의인 윤리 도덕적 의의가 아닌, 하나님의 의로 다윗 왕을 온전케 하시고, 하나님의 마음에 합한 자로 세우셔서, 날마다 하나님의 진리의 사랑을 증거하고, 다윗왕 자신에게 하나님의 마음에 합한 자로 세우신, 하나님의 은혜와 은총을 증거하는 등불이 되었습니다. 그러므로 주의 심령 성전이 되고 있는 다윗의 심령 속에, 영원한 생명으로 살게 하셔서 이 땅에서 성령으로 열매 맺는 그대로, 하늘나라에서 영원한 상급이 됨을 고백하고 있는 것입니다.

만약 지금까지 여러분들을 존경하며 따르던, 많은 사람들과 친구들이 갑자기 배신하여 돌아서서, 여러분들을 돌로 치려고

우리는 믿음으로 어떻게 구원에 이르고 의로운 자가 되는가?

한다면, 여러분들은 어떻게 하시겠습니까? 대부분 돌에 안맞으려고 피할 것입니다. 왜냐하면 돌에 맞는 것을 피하게 되는 것이 인간의 생리이기 때문입니다. 그러나 다윗왕은 달랐습니다. 사무엘상 22장1~10절에 다윗이 아둘람굴에 피신하였을 때에, 다윗과 함께 하였던 사백 명의 사람들이 모압 왕에게 이르되, 하나님이 나를 위하여 어떻게 하실 것을 알기까지, 나의 부모로 나와서 당신들과 함께 있기를 청하고, 모압 왕과 함께 있었다가 선지자 갓의 말에 따라, 유다 땅으로 들어갔음을 기록하고 있는데, 바로 이것이 다윗의 온유인 것입니다.

즉 온유한 것은 인간적인 온유가 아니라, 하나님의 뜻에 따르는 말씀에 순종하는 것입니다. 그러므로 온유한 행위는 우리들의 의지나, 각오로 결단하여서 되어지는 것이 아닙니다. 하나님의 말씀에 따르는 말씀을 분별하는 신앙으로 푹 익혀져 있어, 성령의 이끌림 받는 믿음의 세계에 들어가 있어야 되는 것입니다.

그리고 사무엘하 5장7~8절에 보면, 다윗왕이 예루살렘성을 정복하고 다윗성을 세웠는데, 소경과 절뚝발이는 들어오지 못하게 하였습니다. 왜 소경과 절뚝발이는 들어오지 못하게 하였습니까? 즉 소경은 빛을 보지 못하는 사람으로, 항상 어두움 가운데만 있는 자입니다. 그러므로 영적으로 소경은 하나님의 아들 된 사람으로, 이 세상에 보냄을 받았으나 하나님의 뜻을 깨닫지 못하여, 성령을 통하여 열매 맺는 역사를 보지 못하고, 참 진리의 믿음으로 나아가는 빛을 받지 못한 자들을 말하는 것이요. 절뚝발이는 한쪽 다리가 성하지 못하여, 똑바로 걷지 못하는 사람을 일컫는데, 영적으로 우측이 짧은 절뚝발이는 하나님의 의 안에서, 하나님의 의로 이루신 역사를 하나님께만 영광이 되게 하여야 하는데, 자신의 의로 자신의 영광이 되게 나아가는 자요. 좌측 절뚝발이는 하나님께서 주시는 말씀에 이끌림 받지 못하고, 자신의 꿈이나 이상과 환상으로만 치우쳐, 자신을 위한 길로 나아가는 자을 말하는 것입니다. 그러므로 예수님 안에서 온전한 믿음의 안식이 있는 자들만이, 다윗성에 들어갈 수 있음을 깨닫게 하시는 말씀인 것입니다.

우리는 흔히 다윗왕을 예수님의 예표라고 말하는데, 이는 다윗왕이 유대인의 왕으로서 영광의 삶을 나타냈듯이, 예수님께서도 이 땅에 만왕의 왕으로 오셔서, 천년왕국을 이루시고 통치하실 것을 말씀하셨습니다. 즉 주님이 재림하셔서 이루실 천년왕국은, 유대인들이 바라는 메시아 왕국이며, 영적 이스라엘 된 우리들에게는 예수님이 만왕 왕으로, 우리들과 함께 천년왕국을 다스리는, 왕 노릇할 자들로 삼으실 것을 보여주시는 것입니다.

물론 이와 같은 믿음의 자리로 들어가는 것도, 하나님이 이루시는 역사 안에서 이루어지는 것인데, 이 믿음의 자리에 이르기까지는 수많은 시험과 연단이 있는 것입니다. 사무엘상 17장45~49절에 다윗이 소년 때에, 신장이 여섯 규빗 한 뼘이나 되는 골리앗을, 사울왕이 주는 갑옷과 창으로 대적하지 않고, 물맷돌 다섯 개로 쓰러뜨렸습니다. 즉 골리앗이 죽은 것은 물맷돌이 된 다윗에 의하여 죽은 것으로, 물맷돌이 어떻게 만들어집니까? 산에서 돌은 삐죽빼죽한 모서리가 많은 돌이지만, 그 돌들이 냇가로 쓸려 내려오면 물에 휩쓸려 닦이고 갈려서, 완전히 모서리의 삐죽빼죽한 부분들이 달아서 둥글고 반들반들하게 되어지듯이, 다윗이 그렇게 되어진 믿음임을 나타내는 것입니다.

　오늘날 우리들도 다윗의 물맷돌과 같이 하나님의 말씀으로, 갈리고 닦이어서 물맷돌과 같은 믿음의 자리에 이르러야 하는 것입니다. 그것도 하나가 아니라 다섯 개의 물맷돌을 가진 자가 되어야 하는 것입니다. 그리하면 우리들도 골리앗과 같은 세상의 유혹들과, 네피림과 같은 사단들의 핍박들을 물리치고 승리할 수 있게 되는 것입니다. 만약 우리들이 물맷돌이 되지 못하면, 하나님의 자녀들을 살리지 못하고, 성질난다고 하여 성도들을 버리고, 자신의 마음에 안맞는다고 영혼을 살리지 않는 자가 되면 안되는 것입니다. 그러므로 오늘 우리들은 물맷돌과 같이 우리를 하나님의 말씀으로, 시험과 연단을 통하여 의로운 자의 믿음의 자리로, 또는 영광의 복음에 따르는 영광의 믿음의 자리로, 이끌 수 있는 물맷돌이 되어야 할 것입니다.

　요한계시록 11장3~5절에 "내가 나의 두 증인에게 권세를 주리니 저희가 굵은 베옷을 입고 일천이백육십일을 예언하리라. 이는 이 땅의 주 앞에 섰는 두 감람나무와 두 촛대니, 만일 누구든지 저희를 해하고자 한즉 저희 입에서 불이 나서 그 원수를 소멸할찌니 누구든지 해하려 하면 반드시 이와 같이 죽임을 당하리라." 하셨는데, 과거 열왕기하 1장9~12절에서도 엘리야 선지자를 모셔오라는, 아하시아 왕의 명령을 받고 올라오는 오십 명을, 계속 엘리야의 입에서 나오는 불로 태우셨음을 기록하고 있습니다.

　즉 저희 입에서 불이 나온다는 "퓌르 에포류에타이 에크 투 스토마토스 아우톤(πῦρ ἐκπορεύεται ἐκ τοῦ στόματος αὐτῶν)"은, 환란 날에 악한 영들인 적그리스도와 거짓 선지자들

제8장 성령의 등불에 의한 증거

이, 하나님의 두 증인들에게 아무리 해하려 하여도, 해할 수 없음을 말씀하시는 것입니다.

왜냐하면 하나님으로부터 권세를 받았음으로, 악한 자들의 방해가 있을 때는 두 증인의 입에서, 불이 나와서 원수들이 불사름을 당하게 되기 때문입니다. 그러므로 적그리스도들이 군대라도 해하지 못함으로, 우리를 다윗왕과 같이 물맷돌 되게 해서, 누가 찌르고 깔아뭉개도 깔린 잔디처럼, 편안하게 받쳐주는 자가 되게 하시는 역사를 이루게 하시는 것입니다. 비록 자신은 숨도 못 쉬고 죽어가면서도, 그 위에 앉은 자들을 편안하게 하여, 영광에 이르는 생명의 역사를 이루는 것이 물맷돌의 역사인 것입니다.

오늘날도 물맷돌과 같은 종이 될 때, 마지막 환란 날의 종으로 쓰시는 줄을 믿으시기 바랍니다. 우리들의 울퉁불퉁한 모난 성질의 부분들을, 말씀으로 잘라내게 하고 하나님의 진리와 사랑으로 녹아지게 하여 "내가 주의 전에 영원히 거하리로다." 하는 다윗왕의 고백처럼, 진리의 등불이 되어 진리로 열매 맺는 생명 안에서, 하나님의 전이 되고 먼저 등불 되게 한, 다윗을 통하여 그 빛을 증거하여, 영원한 생명의 역사를 나타내는 것이 영원한 생명인 것입니다. 그러므로 다윗왕은 그 성령의 이끌림의 열매로 기뻐하여 "내가 주의 전에 영원히 거하리로다."하고 고백하고 있는 것입니다.

우리는 믿음으로 어떻게 구원에 이르고 의로운 자가 되는가?

◆6 내가 여기 있나이다.

　믿음의 조상 아브라함은 창세기 22장1절에 "하나님이 아브라함을 시험하시려고 그를 부르시되 아브라함아 하시니 그가 가로되 내가 여기 있나이다."하고 바로 대답하였습니다.

　그러나 창세기 3장10절에 하나님께서 아담을 부르실 때, 아담은 두려워하여 숨었던 것과는 달리, 아브라함은 "내가 여기 있나이다."하고, 청종하는 모습을 보이고 있습니다. 오늘 우리들도 어느 곳에 있든지 하나님 앞이란 사실을 잊지 않을 때, 청종하고 순종하는 신앙으로 하나님을 따르는 자가 될 수 있는 것입니다.

　하나님께서 우리를 부르시는 것은, 우리들을 통하여 갇힌 자를 끌어내게 하고, 눈먼 자들을 보게 하기위한 것입니다. 이사야서 6장8절에서도 "내가 여기 있나이다. 나를 보내소서." 하고 있는데, 오늘날 너무 많은 무덤 교회들이 있습니다. 주님께서는 이러한 어두움 가운데 있는 자들을, 빛 가운데 살리게 하는 역사를 약속하셨습니다. 그러므로 빛 가운데 서려면 "내가 여기 있나이다."하고 대답하여야 하는 것입니다.

　"내가 여기 있나이다." 하고 대답하는 것은, 삼위일체 하나님의 생명이 그에게 있어서, 삼위일체 하나님을 증거할 수 있음을 또한 고백하는 것입니다. 오늘 우리들에게도 "누가 우리를 위하여 갈꼬," 하실 때, "내가 여기 있나이다."하고 고백할 수 있어야합니다. 왜냐하면 삼위일체 하나님의 생명이 우리들의 속에 있기 때문입니다. 그런데 사람에 따라 사람의 믿음과 그 생명이, 충만할 수도 있고 덜 충만할 수도 있습니다. 그러므로 우리들은 주님이 주신 생명의 말씀을 온전히 소화하고,

제8장 성령의 등불에 의한 증거

다시 한 번 묵상하여 깨닫는 자들이 되어야 하는 것입니다.

마태복음 5장14절에 "너희는 세상의 빛이라. 산 위에 있는 동네가 숨기우지 못할 것이요." 한, 세상은 "코스무(κόσμου)"로 우주, 또는 세상을 말하나, 본 절의 세상은 어둠에 있는 자녀들을 가리킵니다. 어둠에 있는 자녀는 주님을 믿지 않는 하나님의 자녀들도 해당되지만, 주님을 믿어도 진리의 빛이 없는 자녀들도 말하는 것입니다.

빛은 "포스(φῶς)"로 빛의 근원은 하나님과 예수님이시며, 나는 세상의 빛이라 하신 빛의 대상은, 예수님이심을 나타내는 것입니다. 따라서 빛이신 예수님이 내 안에 계심으로, 내가 세상의 빛이 되는 것인데, 즉 내 자신이 빛이 아니라 빛이 되신 예수님이, 나와 함께 있어서 나로 하여금, 빛을 비추는 등불이 되게 하신다는 것입니다. 그러므로 너희는 세상의 빛이라 말씀하신 것입니다.

그리고 "산 위에 있는 동네가 숨기우지 못할 것이요."의, 동네는 "폴리스(πόλις)"로 교회를 나타내고 있는 것입니다(사 2:2). 산 위에 있는 동네가 숨기우지 못한다는 말씀은, 빛이 산 위에 올라와 있을 때, 산이 높으면 높을수록 더 멀리 빛이 비추듯이, 우리가 산 위에 놓여진 빛이 되면, 멀리까지 비추게 될 것이라는 의미입니다.

◆7 하늘에서 내려오는 거룩한 성 예루살렘

하늘에서 내려오는 거룩한 성 예루살렘은, 요한계시록 21장9~10절에 "일곱 대접을 가지고 일곱 재앙을 담은 일곱 천사 중 하나가 나아와서 내게 말하여 가로되, 이리로 오라 내가 신부 곧 어린양의 아내를 네게 보이리라 하고, 성령으로 나를 데리고 크고 높은 산으로 올라가 하나님께로부터 하늘에서 내려오는 거룩한 성 예루살렘을 보니," 하신 말씀에서 보여주고 있는데, 거룩한 성 예루살렘은 하늘의 것을 비취며, 하늘 영광을 보여주는 어린양의 신부교회를 말하는 것입니다.

즉 10절에 "성령이 나를 데리고 크고 높은 산으로 올라가," 의, 크고 높은 산은 "에피 오로스 메가 카이 휩셀론(ἐπὶ ὄρος μέγα καὶ ὑψηλόν)"으로, 이사야서 2장2~3절과 13~14절에 많은 산들이 있지만 가장 높은 산은, 여호와의 전의 산으로 그 곳에서 나오는 말씀은, 진리 중에 최고의 진리의 말씀으로, 즉 최고의 산은 성령으로 이끌림 받는 진리의 말씀이 있는 교회가, 산들 중에 가장 크고 높은 산임을 말씀하시는 것입니다.

마태복음 17장1~8절과 마가복음 9장2~13절과, 누가복음 9장28~36절에 따로 높은 산에서, 예수님과 모세와 엘리야의 변형된 모습을 보여주셨는데, 이것은 하나님의 영광으로 입혀지는 부활의 모습을 보여주신 것입니다.

다시 말하면 성령으로 크고 높은 산으로 인도받으면, 하나님의 나라와 영광을 보여주는데, 영광중에 최고의 영광인 첫째부활의 영광을 보이신 것입니다. 사도 요한도 성령으로 이끌림 받음으로서, 크고 높은 산으로 올라가 하늘나라의 영광을 보고, 오늘 우리들에게 이 말씀의 영광을 깨닫게 하시는 것입니다. 그리고 이 영광이 어린양의 신부인 새 예루살렘 성인 것입니다.

그런데 사단인 마귀는 무슨 산을 보여주고 있습니까? 마태복음 4장8~9절에 "마귀가 또 그를 데리고 지극히 높은 산으로 가서 천하만국과 그 영광을 보여 가로되, 만일 내게 엎드려 경배하면 이 모든 것을 네게 주리라." 함으로서, 마귀는 세상의 부귀와 영광을 보여주고 있습니다.

거룩한 성 예루살렘은 "폴린 텐 하기안 이에루살렘(πόλιν τὴν ἁγίαν Ἰερουσαλὴμ)"으로, 즉 신부 곧 어린양의 아내를 보여준다고 하면서 거룩한 성을 보여주고 있는데, 거룩한 성 예루살렘은 앞에 2절에서, 신부가 남편을 위하여 단장한 것같이, 예비한 신랑 예수님의 신부의 모습을 뜻한다고 하였습니다.

즉 이 땅에서 하나님의 은혜와 사랑에 대하여, 감사하는 믿음으로 산 모든 삶이, 하늘의 열매가 되어 하늘나라의 가장 영광스럽고, 아름다운 영광으로 입혀진 모습을 거룩한 성 예루살렘이라고 나타내신 것으로, 요한계시록 21장11~21절에 다시 설명을 하고 있는데, 성 전체가 보석으로 광채가 나고 벽옥과 수정같이 맑으며, 바닥은 순금으로 된 최고의 아름다운 모습으로 묘사되고 있습니다.

성을 두른 성곽은 일백 사십 사 규빗이고, 성은 네모반듯하여 장광이 같고, 일만 이천 스타디온이라 하였습니다. 그런데 거룩한 성 예루살렘은 어린양의 아내 곧 신부라 하였습니다. 왜냐하면 예루살렘은 하나님의 성막이요 하나님의 보좌요 하나님의 품안입니다. 하나님의 품 안에 어린양의 신부로 최고의 아름다운 영광으로, 단장된 것을 말하고 있기 때문인 것입니다. 바로 이것이 교회이기도 하고 성으로 표시하여, 믿음의 보석으로 묘사하여 보여주고 있는 것으로, 말라기 3장17절에 "만군의 주가 말하노니, 내가 나의 보석들을 만드는 그 날에 그들이 나의 것이 되리라. 내가 그들을 아껴 두리니 사람이 자기를 섬기는 자가 아들을 아낌같이 하리라." 하셨으니, 거룩한 성 예루살렘이 지극히 귀한 보석과 같이, 광채가 나고 벽옥과 수정같이 맑다고 하시는 것입니다.

요한복음 14장2~3절에 "아버지 집에 거할 곳이 많도다. 그렇지 않으면 너희에게 일렀으리라. 내가 너희를 위하여 처소를 예비하러 가노니 가서 너희를 위하여 처소를 예비하면 내가 다시 와서 너희를 내게로 영접하여 나 있는 곳에 너희도 있게 하리라." 말씀하셨는데, 본문에 처소는 우리들이 이 땅에 육신으로 살 때도, 장막이 있어야 되듯이 하늘에도 영원한 처소가 우리에게 있는 것입니다.

즉 고린도후서 5장1~5절에 하늘에 있는 영원한 처소는, 하나님의 나라인 하늘나라에 있다고 볼 수 있는 것인데, 땅에 있는 우리의 장막인 육신을 통하여 성령으로 열매 맺을 때에, 하늘에 우리가 짓지 아니한 우리의 영원한 장막이 마련되게 되는 것입니다.

예수님께서 우리 먼저 하나님의 영광의 보좌 우편에 가셔서, 우리에게 성령을 부어주셔서 열매 맺게 하신대로, 하늘나라에서 영원히 누릴 영광으로 입혀주시는 것을, 예수님이 우리를 위하여 처소를 예비하시러 가셨다고 하신 것이라는 말씀입니다.

마태복음 15장15절에 사람이 등불을 켜서, 등경위에 두어

집안을 비취게 한다고 하셨습니다. 그러면 사람을 등불 되게 하시는 분은 누구입니까? 예수님께서 우리를 등불 되게 하시는 것입니다. 우리의 심령에 진리의 등불을 밝히심으로서, 등불을 켜게 하시는 것입니다. 그러므로 예수님은 빛의 근원이심으로 우리가 등불이 된 것이며, 등불 된 우리가 마음껏 빛을 비추자 하여, 빛을 비출 수 있는 것이 아닙니다. 등불은 그 등을 켠 사람이 비출 곳에 갖다 놓아야 비추는 것입니다.

따라서 주인이 되시는 예수님께서 흑암에 갇힌 하나님의 백성들과, 앞 못 보는 소경들에게 보내어, 진리를 증거하게 하시는 것이 등경 위에 두는 것입니다. 우리의 생각대로 우리들이 가고자 하는 곳으로 가는 것이 아닙니다. 우리를 등불 되게 하신 주님께서, 우리를 비출 곳인 등경위에 올려놓을 때, 성령으로 빛을 비추는 역사가 나타나는 것입니다. 즉 요한계시록 4장5절에 "보좌로부터 번개와 음성과 뇌성이 나고 보좌 앞에 일곱 등불을 켠 것이 있으니, 이는 하나님의 일곱 영이라." 하신, 일곱 등불로 말미암아 온전한 빛을 밝히게 되어, 주님께서 새 일을 시작하시는데 쓰임 받게 되는 것입니다.

요한계시록 21장23~26절에 "그 성은 해나 달의 비췸이 쓸데없으니, 이는 하나님의 영광이 비취고 어린양이 그 등이 되심이라. 만국이 그 빛 가운데로 다니고 땅의 왕들이 자기 영광을 가지고 그리고 들어오리라. 성문들을 낮에 도무지 닫지 아니하리니 거기는 밤이 없음이라. 사람들이 만국의 영광과 존귀를 가지고 그리로 들어오겠고," 말씀하고 있는데, 이는 새 예루살렘 도성을 말씀하시는 것으로, 하나님의 영광이 그곳을 비취고 어린양이 그곳에 빛이 되고 있음으로, 도성 안에는 해나 달이 필요가 없음을 말씀하시고 있는 것입니다.

우리는 믿음으로 어떻게 구원에 이르고 의로운 자가 되는가?

새 예루살렘 도성은 우리들 눈에 보이는, 성이나 건물들을 의미하는 것이 아니라. 요한계시록 21장2절에 "거룩한 성 새 예루살렘이 하나님께로부터 하늘에서 내려오니, 그 예비한 것이 신부가 남편을 위하여 단장한 것 같더라." 하심과, 요한계시록 21장9절에 "신부 곧 어린양의 아내를 네게 보이리라." 하고, 10절에서 "성령으로 나를 데리고 크고 높은 산으로 올라가, 하나님께로부터 하늘에서 내려오는 거룩한 성 예루살렘을 보이니," 하신 성을 말하는 것입니다. 그러므로 그곳은 땅의 왕들이 자기 영광을 가지고 그리로 들어오는 곳으로, "땅의 왕들"은 "호이 바실레이스 테스 게스(οἱ βασιλεῖς τῆς γῆς)"로, 순교를 통하여 첫째부활한 사람들이 만왕의 왕이신, 예수님과 더불어 왕노릇을 할 자들을 말하는 것이요. 자기 영광을 가지고 그리로 들어온다는 말씀은, 천년왕국에서 이미 신령한 몸으로 하늘나라에서 살면서, 땅에 살고 있는 천년왕국 백성들의 왕으로서 통치하며 다스렸던, 모든 것들이 열매가 되어 하늘나라에서 영광과 존귀로, 덧 입혀주시는 것을 뜻하는 것입니다.

그리고 땅의 왕 된 자들은 그들의 심령 속에 어둠이 없습니다. 해와 달이 필요 없음으로 날짜도 안가고, 영원한 빛 가운데 안식하는 신앙 안에 있게 되어, 부활하신 예수님 안에서 하늘에 속한 자로, 일곱 성령의 등불을 밝히는 빛으로, 시편 84편11절에 "여호와 하나님은 해요 방패시라." 하시고 있는데, 이제 거룩한 성이 되어서 참 빛으로 살게 되었으니, 그림자적인 빛은 필요가 없는 것입니다. 참 빛인 하나님의 영광이요 어린양의 빛이 있기 때문인데, 요한복음 1장4절에 말씀이 생명의 빛이라 하였으니, 어린양이 말씀이요. 아버지의 말씀은 진리이니 진리의 빛으로, 어두움을 비추니 참 빛인 것입니다.

에스겔서 34장14∼15절에 하나님께서 친히 목자가 되시어, 좋은 꼴을 먹이고 우리를 이스라엘 높은 산위에 두셔서, 살진 꼴을 먹이신다고 말씀하고 있는데, 우리들이 깨달은 자의 믿음을 가졌다면 큰 감동을 받을 것입니다. 왜냐하면 하나님께서 우리들에게 꼴 중에서도, 가장 좋은 꼴을 먹여주셨고, 산 중에서도 이스라엘의 가장 높은 산 꼭대기에, 있게 하신다고 하셨기 때문입니다.

다시 말하면 마태복음 5장14절에 너희는 세상의 빛으로, 산 위에 있는 동네가 숨기우지 못할 것이라 하셨듯이, 산위에 있는 동네와 우리를 산 꼭대기에 있게 한다는 것은, 진리의 빛을 비추는 교회를 뜻하는 것으로, 결국은 요한계시록 21장2절에 거룩한 도성 예루살렘이 되게 하셔서, 참 빛을 비추게 하실 것을 말씀하시는 것입니다. 그러므로 산위에 있는 도성 예루살렘은, 숨기려하여도 숨길 수가 없다는 것입니다. 왜냐하면 어두우면 어두울수록 빛은 더욱, 밝게 빛을 발하기 때문인 것입니다.

이사야 60장18∼21절에서도 "다시 강포한 일이 네 땅에 들리지 않을 것이요. 황폐와 파멸이 네 경내에 다시없을 것이며 네 성벽을 구원이라. 네 성문은 찬송이라 칭할 것이라. 다시는 낮에 해가 네 빛이 되지 아니하며, 달도 네게 빛을 비취지 않을 것이요. 오직 여호와가 네게 영원한 빛이 되며, 네 하나님이 네 영광이 되리니 다시는 네 해가 지지 아니하며 네 달이 물러가지 아니할 것은 여호와가 네 영영한 빛이 되고 네 슬픔의 날이 마칠 것임이니라. 네 백성이 다 의롭게 되어 영영히 땅을 차지하리니 그들은 나의 심은 가지요. 나의 손으로 만든 것으로서 나의 영광을 나타낼 것인즉,”하신 말씀에서도, 여호와가 영원한 빛이 되실 것을 말씀하고 있습니다.

오늘날도 어두움의 빛을 좋아하여 참 빛으로 보여주시는, 하늘의 영원한 영광을 보지 못하고, 이 세상의 눈에 보이는 것으로 신앙을 삼으면, 하늘의 기업도 영광도 상급도 없는 것입니다. 그러나 생명의 빛이신 창조주 하나님의 빛인, 참 생명의 빛인 새 계명에 비췸을 받는 자들에게는, 이 땅에서 어두움이 없고 참 빛이 됨으로 “하나님의 영광이 비취고 어린양이 그 등이 되심이라.” 말씀하신 것입니다. 그러므로 오늘 이 말씀을 듣고 읽는 여러분들은, 성령의 일곱 등불을 밝히는 등경 위에, 빛이 되시기를 진심으로 기도드리는 바입니다.

아 멘 !

조병천 목사 성경전서) 우리는 어떻게 믿음으로
구원에 이르고 의로운 자가 되는가?

2018년 4월 25일 인쇄
2018년 4월 25일 발행

지 은 이 : 조 병 천 · 김 숙 희
발 행 인 : 조 병 천
펴 낸 곳 : 도서출판 새글
인 쇄 처 : 삼일인쇄
구 입 처 : 010-9497-4979
출판등록 : 제385-2012-000031호

주소 : 경기도 안양시 경수대로 721-44-22
By Rev. Byoung Choun. Jo, D. TH&D
Published by SAEGEL Press Company in Kor.

정가: 12,000원